U0916651

尘肺病预防与康复

主　编：张龙连
副主编：马　璨　杜晓静　崔云杰

中国劳动社会保障出版社

图书在版编目(CIP)数据

尘肺病预防与康复/张龙连主编. -- 北京：中国劳动社会保障出版社，2022
ISBN 978-7-5167-5328-6

Ⅰ.①尘…　Ⅱ.①张…　Ⅲ.①尘肺-防治②尘肺-康复　Ⅳ.①R598.2

中国版本图书馆 CIP 数据核字(2022)第 128726 号

中国劳动社会保障出版社出版发行

(北京市惠新东街 1 号　邮政编码：100029)

*

三河市华骏印务包装有限公司印刷装订　新华书店经销

787 毫米×1092 毫米　16 开本　9 印张　188 千字

2022 年 9 月第 1 版　2022 年 9 月第 1 次印刷

定价：25.00 元

读者服务部电话：(010) 64929211/84209101/64921644

营销中心电话：(010) 64962347

出版社网址：http://www.class.com.cn

版权专有　侵权必究

如有印装差错，请与本社联系调换：(010) 81211666

我社将与版权执法机关配合，大力打击盗印、销售和使用盗版图书活动，敬请广大读者协助举报，经查实将给予举报者奖励。

举报电话：(010) 64954652

编写组

主　　编：张龙连

副 主 编：马　璨　杜晓静　崔云杰

编写人员（按姓氏笔画排序）：

马　璨　王　娜　田兴宽　张　昊　张龙连　杜晓静

步海霞　胡在方　姚胜英　凌颖蕾　崔云杰　韩进书

主　　审：李　涛

前言

尘肺病是我国最严重、最常见的职业病，截至2020年年底，我国累计报告职业病101.1万例，其中尘肺病90.4万例，约占报告职业病病例总数的90%。我国早在20世纪80年代就发布了《尘肺病防治条例》。该条例从防尘要求、监督与监测和健康管理等几个方面对防治尘肺病提出了具体要求。随着2002年《中华人民共和国职业病防治法》的实施，有关职业病诊断鉴定和职业健康监护管理规章陆续出台，进一步完善和规范了职业病的诊断鉴定工作。同时，针对尘肺病高发的态势，国家有关部门先后印发了《关于加强农民工尘肺病防治工作的意见》《尘肺病防治攻坚行动方案》（国卫职健发〔2019〕46号）等文件，从粉尘危害治理、尘肺病患者救治救助等方面开展攻坚行动。

由于尘肺病具有病程进展缓慢、症状不典型等特点，许多患者尽管有反复咳嗽、咳痰等症状，但并不知道自己已经患上的是尘肺病。随着一些农民工尘肺病事件不断地被披露，并产生巨大社会反响，因病致贫、因病返贫迅速成为焦点话题，其中，大部分尘肺病患者由于未与企业签订劳动合同、没有工伤保险，不仅难以诊断为职业病，也缺失有效的医疗和社会保障。2019年12月12日，人力资源社会保障部、国家卫生健康委联合发布《关于做好尘肺病重点行业工伤保险有关工作的通知》，从2020年起，开展尘肺病重点行业工伤保险扩面专项行动和尘肺病重点行业工伤预防专项行动，旨在切实做好尘肺病重点行业和企业职工工伤保险权益保障，预防和减少尘肺病重点行业和企业职业伤害事故的发生，加强尘肺病工伤职工职业健康保护工作。文件要求各地人力资源社会保障部门要积极会同卫生健康等部门，按照人力资源社会保障部等4部门印发的《工伤预防费使用管理暂行办法》（人社部规〔2017〕13号），将相关尘肺病重点行业列入本地区的年度工伤预防重点领域，合理确定工伤预防项目，并切实做好项目的组织实施、绩效评估和验收等工作；强调粉尘危害高发企业要依法承担起尘肺病预防的主体责任，切实做好粉尘危害预防控制、组织从业人员进行职业健康检查以及尘肺病预防宣传和培训等工作。

为了配合尘肺病重点行业工伤保险扩面专项行动和尘肺病重点行业工伤预防专项行动工作，我们组织相关人员编写了《尘肺病预防与康复》一书，为广大从业人员、尘肺病患者、用人单位管理人员以及关注尘肺病的人士答疑解惑。本书包括生产性粉尘基础知识、尘肺病知识、尘肺病预防与控制、尘肺病的诊断与鉴定、尘肺病的治疗与康复、尘肺病工伤保险及附录7部分内容。在生产性粉尘基础知识部分介绍了粉尘的概念、粉尘对健康的影响，包括粉尘的来源、分类和对从业人员健康的影响等。在尘肺病知识部分介绍了尘肺病的定义、发病原因、临床表现和体征以及并发症等知识。在尘肺病预防与控制部分介绍了尘肺病治疗与预防的关系、从业人员进行职业健康检查的目的和意义，预防尘肺病的工程技术措施和个体防护措施，着重讲解了防尘口罩（面罩）选用原则、选用方法、使用方法等。在尘肺病的诊断与鉴定部分介绍了怀疑患有尘肺病应如何处理，当对诊断结果有异议时后续职业病诊断鉴定的权利等。在尘肺病治疗与康复部分介绍了尘肺病治疗和康复措施，并详细介绍了多种康复的方法。最后，在尘肺病工伤保险部分介绍了尘肺病与工伤的关系、如何申请工伤认定，认定工伤后如何申请劳动能力鉴定、可获得哪些工伤保险待遇、最终可获得多少医疗补助金及就业补助金，以及劳动争议的维权内容等。书中还附有一些医学检查和家庭康复小常识，供读者参考。

本书面向广大从业人员，用人单位职业卫生管理人员、负责人等也可以从中获得相应知识。本书编写者均为长期从事职业病防治工作的一线专业技术人员，在编写中结合身边的实例，用朴素的语言讲述最基本的知识，力求通俗易懂、简单明了，让读者了解尘肺病防治的相关内容，提高自己的职业健康意识和维护健康权益的能力。

限于编者的知识和能力，本书难免有疏漏、错误和不足，恳请广大同仁和读者批评指正、提出宝贵意见。

编者

2022 年 8 月

目 录 / contents

第一章 生产性粉尘基础知识

第一节 生产性粉尘

一、概念

1. 粉尘

粉尘是指能较长时间悬浮在空气中的固体颗粒。一些细小的粉尘粒子肉眼是看不到的，需要在显微镜下才能看到。国际标准化组织（ISO）将粒径小于 75 μm 的固体悬浮物定义为粉尘。粉尘在空气中飘浮时间的长短不但与粉尘粒径的大小、密度、形状有密切关系，还与空气的湿度和风速有关。

粉尘随处可见，主要来源分为两类：第一类是自然界的火山爆发、森林火灾、自然风化、地震、沙尘暴等造成的，具有不可控性、偶然性和局部性特点，其影响可由自然环境自净逐步消除；第二类是人类活动引起的，最令人担忧的是，全球每年排入大气的粉尘在 1 亿吨以上，严重污染大气，对人类健康造成威胁。

人类活动引起粉尘污染的显著特点是具有连续性、严重性、可控性，可通过一定的技术措施加以控制，以降低或消除其所带来的影响。人类活动引起的粉尘主要来自三个方面：①工业生产污染源；②交通运输污染源；③生活污染源。

粉尘的种类很多，但不是所有的粉尘都会致病。例如沙漠里的沙尘，马路上的灰尘，教室里的粉笔灰都可以飞扬起来并飘浮在空气中，也有被吸进肺里的可能，但并不一定会引起尘肺病。这是因为这些灰尘颗粒的粒径大，不易进入肺泡，或其化学成分不会引起肺组织纤维化。严格来说，只有长期大量吸入某些生产过程产生的某些种类粉尘才会患尘肺病。

2. 总粉尘与呼吸性粉尘

（1）总粉尘（简称总尘）。总粉尘是指可进入整个呼吸道（鼻、咽、喉、气管、支气管、细支气管、呼吸性细支气管和肺泡）的粉尘，技术上是用总粉尘采样器按标准测定方法在劳动者呼吸带采集的所有粉尘。按照 ISO 的定义范围，总粉尘包括了一部分总悬浮颗粒物（空气动力学当量直径≤100 μm 的颗粒物）、降尘（直径>30 μm）、可吸入颗粒物（直径≤10 μm）、呼吸性颗粒物（直径≤2. 5 μm）等。

（2）呼吸性粉尘（简称呼尘）。呼吸性粉尘是指可达到肺泡区（无纤毛呼吸性细支气管、肺泡管、肺泡囊）的粉尘，技术上是用呼吸性粉尘采样器按标准测定方法在劳动者呼吸带采集的粉尘。其空气动力学直径在 7.07 μm 以下，空气动力学直径 5 μm 的粉尘粒子的采样效率为 50%。通常将>15 μm 的粉尘称为非呼吸性粉尘。

（3）可吸入颗粒物（PM_{10}）与细颗粒物（$PM_{2.5}$）。PM_{10} 是指环境空气中空气动力学当量直径≤10 μm 的颗粒物，也称为可吸入颗粒物或飘尘；$PM_{2.5}$ 是指环境空气中空气动力学当量直径≤2.5 μm 的颗粒物，也称为可入肺颗粒物，其特点是粒径小、面积大、活性强，易吸附有毒有害物质（如重金属、微生物等），且在空气中的停留时间长、输送距离远，因而对人体健康和大气环境质量的影响很大。可吸入颗粒物示意图如图 1-1 所示。总体上看，PM_{10} 与 $PM_{2.5}$ 也是粉尘的组成部分，但二者最主要的区别在于颗粒大小的不同。10 μm 直径的颗粒物通常沉积在呼吸道，部分通过痰液被排出体外，或被鼻腔内部的绒毛阻挡，对人体健康危害相对较小；粒径 2.5 μm 以下的细颗粒物，直径相当于人类头发直径的十分之一大小，不易被阻挡。被人体吸入后会直接进入支气管和细支气管甚至肺泡，干扰肺部的气体交换。也就是说，颗粒物的直径越小，进入呼吸道直至肺部的部位越深，危害就越大，可吸入颗粒物进入呼吸系统示意图如图 1-2 所示。

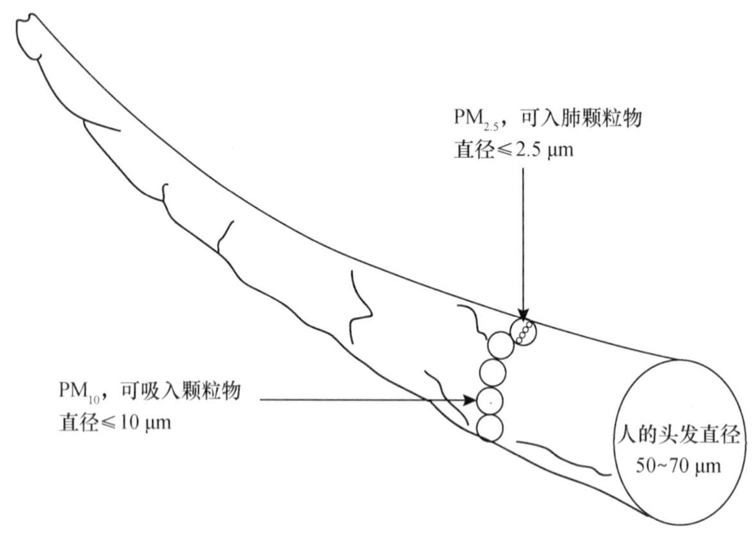

图 1-1 可吸入颗粒物示意图

3. 生产性粉尘

生产性粉尘是指人类在生产活动中产生的、能够较长时间飘浮于生产环境中的颗粒物。它是污染作业环境、损害从业人员健康的重要职业病危害因素，可引起包括尘肺病在内的多种职业性疾患。由于生产性粉尘导致的肺组织纤维化不可治愈，严重影响从业人员的劳动和生活能力，且生产性粉尘广泛存在，接触人群范围广、受危害人数多，接触生产性粉尘所引起的尘肺病一直占据我国职业病发病病例的首位。加之由于粉尘从呼吸道侵入人体，较其他侵入途径更难控制，而且生产性粉尘的弥散还是造成大气环境污染的重要原因之一。因此，生产性粉尘的治理受到高度重视。

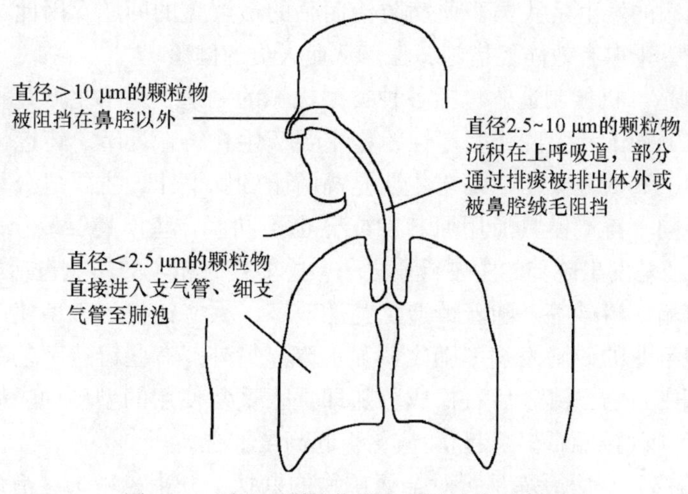

图 1-2　可吸入颗粒物进入呼吸系统示意图

二、生产性粉尘来源与分类

1. 生产性粉尘的来源

生产性粉尘产生的原因主要分为以下 4 类：①固体物质的机械破碎或加工，常见于矿石开采和冶炼；②物质的不完全燃烧，如煤炭不完全燃烧的烟尘、烃类热分解产生的炭黑；③物质加热产生的蒸气，在空气中冷凝和氧化，如铅熔炼时产生的氧化铅烟尘；④粉状物质的混合、过筛、包装、搬运等操作过程。

产生和存在生产性粉尘的行业及工种非常多。不同的生产环境，都可能接触到不同性质的粉尘。在矿山开采、隧道开凿、建筑施工、耐火材料及陶瓷、机械制造等行业，接触的粉尘主要是石英及含石英的混合性粉尘；在石棉开采与加工制造石棉制品时，主要接触的是石棉和含石棉的混合性粉尘；在焊接、金属加工、冶炼时接触金属性粉尘；农业、农副产品加工、制糖工业、动物管理及纺织工业等以接触有机性粉尘为主。生产性粉尘是我国现阶段最主要的职业病危害因素，尘肺病是我国最主要的职业病。

工业生产过程中许多作业都存在粉尘危害，主要的行业及工种包括：

（1）矿山开采。各种金属矿山及非金属矿山的开采是产生生产性粉尘最主要的行业，故也是尘肺病危害最严重的行业。矿山开采包括井下开采和露天开采两种，井下开采包括掘进、采矿、运输、充填等工种，露天开采包括爆破、推土、电铲剥离表面覆盖层和采掘等工种。金属及非金属矿山接触粉尘最多的工种是凿岩工、放炮工、支柱工、运输工等，煤矿主要是掘进工、采煤工、搬运工等。由于矿山开采使用风动工具凿眼、爆破，所以干式作业（干打眼）可产生大量的粉尘。20 世纪 50 年代的干式作业，导致了随后十几年尘肺病的高发，以后随着湿式（湿式凿岩机）作业的推广，粉尘浓度明显降低，尘肺病的发病率也随之下降。值得注意的是，在煤矿采用综合采煤机械后，由于作业面大，机械粉碎力大，煤矿粉尘浓度仍然很高，很多情况下超过了国家规定的卫生标准。煤矿粉尘危害及尘肺病的发生是我国职业病防治面临的最严重的问题，因此必须引起各有关部门的高度重视，采取有效防控措施，保障从业人员的健康。

（2）机械制造。机械制造业包括各种类型机械的制造，基本生产过程包括铸造、锻造、热处理、机械加工和装配。生产性粉尘主要产生在铸造环节。铸造模具所使用的原料主要是天然砂，其次是黏土。黏土主要是高岭土和膨润土，主要成分是硅酸盐。由于对铸件的要求不同，铸造模具所用原料的成分也不同，有些模具二氧化硅含量达70%~90%。铸造业曾经是发生矽肺的主要行业之一，主要接触粉尘的作业包括配砂、混砂、成型以及铸件的打箱、清砂等。随着铸造工艺的改革，一些铸件的砂型使用石灰石原砂代替石英砂，铸造行业的矽肺发病率随之明显下降。另外，有些铸造工艺在扣箱环节使用石棉绳作为砂型密封物，清砂后石棉成分随即混入重复使用的型砂中，故在从业人员中发现有胸膜斑者（因接触石棉引起），应该引起高度重视。

（3）金属冶炼。金属冶炼是指对金属矿物的勘探、开采、精选、冶炼、轧制成材的行业。黑色金属冶炼生产过程一般包括选矿、烧结、炼铁、炼钢、轧钢、炼焦及焦化产品生产、耐火材料生产等，烧结、耐火材料生产均会产生大量的生产性粉尘。有色金属冶炼生产过程一般包括选矿、冶炼、精炼、电解、合金等，生产过程中会产生大量的金属烟尘。冶炼中矿石的粉碎、选矿等可产生大量的粉尘。

（4）建筑业。建筑业涉及面广，包括土木建筑、冶金、水利、交通建设等。粉尘危害可出现在多个环节，如铁道、公路修建中的隧道开凿及铺路，水利电力行业中的隧道开凿、地下电站建设等。

（5）化学工业。化学工业产品繁多，生产过程包括原料的装运和储藏、原料加工配置、加料及反应、成品包装等。当原料或产品为粉末时，上述各工序均可产生生产性粉尘。

（6）其他行业。其他行业如石碑、石磨加工及制作，建筑材料及耐火材料、玻璃、水泥制造业等均会产生生产性粉尘。石料的开采、加工、粉碎、过筛以及陶瓷中原料的混配、成型、烧炉、出炉和搪瓷，主要产生二氧化硅粉尘和硅酸盐粉尘。纺织行业在开棉、混棉、清棉及梳棉的过程中可产生大量棉尘。

2. 生产性粉尘分类

（1）按粉尘的性质可分为无机性粉尘、有机性粉尘、混合性粉尘。

1）无机性粉尘。无机性粉尘包括：①矿物性粉尘，如石英、石棉、滑石、煤等粉尘；②金属性粉尘，如铅、锰、铁、铍、锡、锌等及其化合物粉尘；③人工无机性粉尘，如金刚砂、水泥、玻璃纤维等粉尘。

2）有机性粉尘。有机性粉尘包括：①动物性粉尘，如皮毛、羽毛、丝、骨质等粉尘；②植物性粉尘，如木尘、烟草、棉、麻、谷物、亚麻、甘蔗、茶等粉尘；③人工有机性粉尘，如有机染料、农药、合成树脂、橡胶、纤维等粉尘。

3）混合性粉尘。在作业环境中粉尘最常见的形式是两种或两种以上粉尘混合存在。如煤矿开采时，有岩石粉尘和煤粉尘；金属制品加工研磨时，有金属和磨料粉尘；电焊时有铁和硅酸盐，以及锰、铬、镍等金属粉尘；棉纺厂原料准备工序往往有棉尘和土壤

等混合粉尘，棉麻和人造纤维混纺时也可产生两者的混合粉尘。

（2）按粉尘中游离二氧化硅含量可分为硅（矽）尘和非硅（矽）尘。

1）硅（矽）尘。指粉尘中游离二氧化硅含量在10%及以上的粉尘（岩石或矿物中没有与金属或金属氧化物结合的二氧化硅称为游离二氧化硅）。

2）非硅（矽）尘。指粉尘中游离二氧化硅含量在10%以下的粉尘（硅元素与氧元素以及其他元素结合形成硅酸盐类物质，也称为结合型二氧化硅）。

（3）按粉尘粒径分为灰尘（尘埃）、尘雾（雾尘）、烟尘。

1）灰尘（尘埃）。粉尘颗粒的直径大于10 μm，在静止的空气中，以加速沉降，不扩散。

2）尘雾（雾尘）。粉尘粒子的直径介于0.1~10 μm，在静止的空气中，以等速降落，不易扩散。

3）烟尘。粉尘粒子直径为0.001~0.1 μm，因其大小接近于空气分子，受空气分子的冲撞呈布朗运动（不规则运动），几乎完全不沉降或非常缓慢而曲折地降落。

（4）按粉尘的爆炸性分为爆炸性粉尘和非爆炸性粉尘。

1）爆炸性粉尘。经过粉尘爆炸性鉴定，确定悬浮在空气中的粉尘在一定浓度和引爆热源的条件下，能够自身发生爆炸和传播爆炸的粉尘。如淀粉、糖、面粉、棉、麻、木粉等天然植物性粉尘，煤粉尘、活性炭和铝、镁、锌粉尘等无机矿物性粉尘和金属粉尘以及塑料、染料等人工合成有机性粉尘等。

2）非爆炸性粉尘。经过粉尘爆炸性鉴定，确定不能发生爆炸和传播爆炸的粉尘，如土尘、砂尘、水泥、石英等粉尘。

2015年11月，国家卫生计生委、人力资源社会保障部、国家安全监管总局、中华全国总工会对2002年卫生部印发的《职业病危害因素分类目录》进行了修订，在现行的《职业病危害因素分类目录》（国卫疾控发〔2015〕92号）粉尘类中，共列出了51种具体粉尘名称和1种“可导致职业病的其他粉尘”，详见表1-1。为方便读者，在表1-1中还列出了各种粉尘的职业接触限值以及临界不良健康效应等。

表1-1　职业病危害因素粉尘类名录及职业接触限值

序号	名称	职业接触限值（PC-TWA/mg/m³）		临界不良健康效应
		总尘	呼尘	
1	矽尘（游离二氧化硅含量≥10%）			矽肺；对人致癌
	10%≤游离二氧化硅含量≤50%	1	0.7	
	50%<游离二氧化硅含量≤80%	0.7	0.3	
	游离二氧化硅含量>80%	0.5	0.2	
2	煤尘（游离二氧化硅含量<10%）	4	2.5	煤工尘肺
3	石墨粉尘	4	2	石墨尘肺

续表

序号	名称	职业接触限值（PC-TWA/mg/m^3）		临界不良健康效应
		总尘	呼尘	
4	炭黑粉尘	4	—	炭黑尘肺；对人可疑致癌
5	石棉粉尘（石棉含量>10%）			石棉肺；肺癌、间皮瘤
	粉尘	0.8	—	
	纤维	0.8 f/m^3	—	
6	滑石粉尘（游离二氧化硅含量<10%）	3	1	滑石尘肺
7	水泥粉尘（游离二氧化硅含量<10%）	4	1.5	水泥尘肺
8	云母粉尘	2	1.5	云母尘肺
9	陶土粉尘（按其他粉尘）	8	—	—
10	铝尘			铝尘肺；眼损害；黏膜、皮肤刺激
	铝金属、铝合金粉尘	3	—	
	氧化铝粉尘	4	—	
11	电焊烟尘	4	—	电焊工尘肺；对人可疑致癌
12	铸造粉尘（按其他粉尘）	8	—	—
13	白炭黑粉尘（沉淀二氧化硅）	5	—	上呼吸道及皮肤刺激
14	白云石粉尘	8	4	尘肺病
15	玻璃钢粉尘	3	—	尘肺病；呼吸道、皮肤刺激
16	玻璃棉粉尘（属于人造矿物纤维绝热棉粉尘，除玻璃棉外，还有矿渣棉、岩棉）			
	粉尘	5	—	质量浓度：皮肤和眼刺激
	纤维	1 f/mL	—	纤维浓度：呼吸道不良健康效应
17	茶尘	2	—	哮喘
18	大理石粉尘（碳酸钙）	8	4	眼、皮肤刺激；尘肺病
19	二氧化钛粉尘	8	—	下呼吸道刺激；对人可疑致癌
20	沸石粉尘	5	—	尘肺病；肺癌

续表

序号	名称	职业接触限值（PC-TWA/mg/m^3）		临界不良健康效应
		总尘	呼尘	
21	谷物粉尘（游离二氧化硅含量<10%）	4	—	上呼吸道刺激；尘肺病；过敏性哮喘；具有致敏作用
22	硅灰石粉尘	5	—	—
23	硅藻土粉尘（游离二氧化硅含量<10%）	6	—	尘肺病
24	活性炭粉尘	5	—	尘肺病
25	聚丙烯粉尘	5	—	—
26	聚丙烯腈纤维粉尘	2	—	肺通气功能损伤
27	聚氯乙烯粉尘	5	—	下呼吸道刺激；肺功能改变
28	聚乙烯粉尘	5	—	呼吸道刺激
29	矿渣棉粉尘（按其他粉尘）	8	—	—
30	麻尘（游离二氧化硅含量<10%）			棉尘病
	亚麻	1.5	—	
	黄麻	2	—	
	苎麻	3	—	
31	棉尘	1	—	棉尘病
32	木粉尘（硬）	3	—	皮炎、鼻炎、结膜炎；哮喘、外源性过敏性肺炎；鼻咽癌；具有致敏作用
33	膨润土粉尘	6	—	鼻、喉、肺、眼刺激；支气管哮喘
34	皮毛粉尘	8	—	过敏性肺泡炎；支气管哮喘；具有致敏作用
35	桑蚕丝尘	8	—	眼和上呼吸道刺激；肺功能损伤
36	砂轮磨尘	8	—	轻微致肺纤维化作用
37	石膏粉尘（硫酸钙）	8	4	上呼吸道、眼和皮肤刺激；肺炎等

续表

序号	名称	职业接触限值（PC-TWA/mg/m³）		临界不良健康效应
		总尘	呼尘	
38	石灰石粉尘	8	4	眼、皮肤刺激；尘肺病
39	碳化硅粉尘	8	4	尘肺病；上呼吸道刺激
40	碳纤维粉尘	3	—	上呼吸道、眼及皮肤刺激
41	稀土粉尘（游离二氧化硅含量<10%）	2.5	—	尘肺病；皮肤刺激
42	烟草尘	2	—	鼻咽炎；肺损伤
43	岩棉粉尘（按其他粉尘）	8	—	—
44	萤石混合性粉尘	1	0.7	矽肺
45	珍珠岩粉尘	8	4	眼、皮肤、上呼吸道刺激
46	蛭石粉尘	3	—	眼、上呼吸道刺激
47	重晶石粉尘（硫酸钡）	5	—	眼刺激；尘肺病
48	锡及其化合物粉尘（按其他粉尘）	8	—	—
49	铁及其化合物粉尘（按其他粉尘）	8	—	—
50	锑及其化合物粉尘（按化学毒物）	0.5	—	皮肤和上呼吸道刺激
51	硬质合金粉尘（按化学毒物）			
	钨及其不溶化合物	5	—	下呼吸道刺激
	钴及其化合物	0.05	—	上呼吸道刺激；皮肤黏膜损害；哮喘；对人可疑致癌；具有致敏作用
	其他硬质合金粉尘（按其他粉尘）	8	—	—
52	以上未提及的可导致职业病的其他粉尘（其他粉尘是指游离二氧化硅≤10%，不含石棉和有毒物质，而未制定职业接触限值的粉尘。凡游离二氧化硅≥10%者，均按矽尘职业接触限值对待）	8	—	—

注：①临界不良健康效应：用于确定某种职业性有害因素容许接触浓度大小，即职业接触限值时所依据的不良健康效应。②不良健康效应：机体因接触职业性有害因素而产生或出现的有害健康效应或毒作用效应。只有达到一定水平的接触，即过量的接触才会引起健康损害。

三、生产性粉尘的理化特性

根据生产性粉尘的来源、分类及理化特性可初步判断其对人体的危害性质和程度。从卫生学角度出发，主要应考虑如下理化特性：

1. 粉尘的化学性质

粉尘的化学组成是决定粉尘生物学作用的主要因素。不同化学成分的粉尘可导致肺组织纤维化、刺激、中毒和致敏等不同健康危害。矿物粉尘致肺组织纤维化能力的强弱，主要取决于粉尘中致纤维化粉尘的性质及含量。致纤维化粉尘的含量越高，其致纤维化能力越强，病变发生越快、进展也越快，其中致纤维化能力最强的粉尘是游离二氧化硅粉尘。

2. 粉尘的分散度

分散度是指粉尘按颗粒大小组成的比例。以粉尘中各种颗粒直径大小的数量或质量组成百分比表示，前者称为粒子分散度，后者称为质量分散度。粒径或质量小的颗粒越多，分散度越高，反之则分散度越小。不同生产过程和生产工艺所产生的粉尘颗粒大小的组成比例是不同的。粉尘的分散度越高，其在空气中飘浮的时间越长，沉降速度越慢，被人体吸收的机会就越多，对人体的危害就越严重。真正能够进入肺泡而沉积于肺内引起生物学作用的是呼吸性粉尘。

3. 粉尘的浓度

同样生产过程产生的粉尘，当化学性质和分散度相同时，其致病作用的强弱主要与浓度有关。粉尘的浓度特别是呼吸性粉尘的浓度越高，吸入的量就越大，可能沉积在肺内的粉尘也就越多，越容易发病。

4. 粉尘的硬度

粒径较大、外形不规则的坚硬的颗粒可能引起呼吸道黏膜机械性损伤。而进入肺泡的尘粒，由于质量小、肺泡环境湿润，并受肺泡表面活性物质影响，对肺泡的机械损伤作用可能并不明显。

5. 粉尘的荷电性

粉尘在产生和流动过程中互相摩擦，或直接吸附空气中的带电粒子而带电。同一种粉尘可带正电、负电或不带电，同性电荷的粉尘互相排斥、不聚集，增加了空气中粒子的稳定性，这样颗粒可以长时间飘浮于空气中，被吸入的可能性变大；异性电荷的粉尘相吸，使尘粒撞击、聚集进而沉降。粉碎过程中产生的固体颗粒往往具有荷电性，其荷电性决定于颗粒的大小及其新鲜程度，并与温度和湿度有关。分散度高以及新产生的颗粒荷电性强，同时高温、干燥的环境也可使粉尘的荷电性增加。

6. 粉尘的溶解度

某些毒性粉尘，如含有铅、砷等的粉尘可在上呼吸道被溶解吸收，其溶解度越高，对人体毒作用越强；相对无毒的粉尘，如面粉，其溶解度越高，对人体毒作用越低；石英粉尘很难溶解，在体内会持续产生危害。

7. 粉尘的爆炸性

粉尘的爆炸性是指当粉尘达到适宜浓度和分散度时，遇到明火、电火花或放电时，就会发生爆炸，一般可氧化的粉尘如煤粉、面粉、糖、硫黄、铝粉等具有爆炸性。发生煤尘爆炸时，粒径<1 mm 的煤尘均参与爆炸，但爆炸主体是粒径<75 μm 的煤尘，其破坏性很强，往往会造成重大人员伤亡及设备损坏事故。

第二节　生产性粉尘与健康

一、粉尘致病作用的影响因素

粉尘的理化性质及粉尘在肺内的蓄积量决定了粉尘对人体危害的性质和程度，其化学组成是决定粉尘生物学作用的主要因素，不同粉尘的生物学作用不同，所致的疾病也不同。有时劳动者在不同工作场所接触相同职业病危害因素，患病情况却不同；或同一工作场所有的从业人员患病，有的从业人员却不发病，这是因为除粉尘理化性质对其致病作用有影响外，接尘浓度、接尘时间和从业人员个体因素都影响粉尘对人体的作用。

1. 粉尘的浓度与接尘时间

粉尘浓度是指飘浮于生产环境单位气体中的粉尘颗粒的质量或个数。一般来讲，对于同一种粉尘，浓度越大，与其接触的时间越长，对人体的危害越大。

粉尘浓度有两种表示法，一种是质量浓度，即单位体积空气中所含粉尘的毫克数（mg/m^3）；另一种是数量浓度（颗粒数浓度），即单位体积空气中所含粉尘尘粒数目（n/m^3）。

2. 个体因素与个体防护

常常在同一工种、粉尘接触量相同的从业人员中，一部分人发病，一部分人不发病或发病较轻，这是因为每个人存在个体差异。一些患有慢性呼吸系统疾病如慢性支气管炎、哮喘、肺气肿等的个体，易受粉尘的危害，可使呼吸道的清除机制严重受损。吸烟也可损伤呼吸道纤毛上皮细胞而致清除机制下降。个体免疫状况差的人更易受粉尘的危害。劳动者个体防护意识的强弱以及防护用品的选择和使用方法是否得当，也是影响粉尘致病作用的因素。

二、生产性粉尘进入体内的转归

粉尘通过呼吸道进入体内，大部分可通过呼吸被排出体外，只有少量粉尘能滞留在下呼吸道和肺泡内。

1. 粉尘沉积在呼吸道

粉尘随气流进入鼻腔、呼吸道后，主要通过撞击、截留、重力等作用发生沉降，留于呼吸道表面。粒径较大的尘粒在呼吸道分岔处可发生沉降。

2. 人体对粉尘的防御和清除

（1）呼吸道阻留。粉尘在呼吸道沉积，被阻留于呼吸道表面。呼吸道的平滑肌通过感觉异物，产生异物反应性收缩，使呼吸道变狭窄，阻留更多粉尘，之后通过咳嗽和打喷嚏，排出粉尘。

（2）呼吸道上的黏液纤毛系统的排出。呼吸道上皮细胞表面的纤毛和覆盖在其上的黏液组成黏液纤毛系统。正常情况下，阻留在呼吸道内的粉尘，附着在黏液层上，随着纤毛向咽喉部有规律地摆动，将粉尘排出。如果长期大量吸入粉尘，使黏液纤毛系统遭到破坏，其粉尘清除能力将大大降低。

（3）肺泡巨噬细胞的吞噬。进入肺泡的粉尘黏附在肺泡腔表面，被肺泡腔中的巨噬细胞吞噬，形成“尘细胞”。大部分尘细胞可通过纤毛运动清除，小部分因粉尘作用坏死、崩解。

呼吸系统通过上述清除作用，可在较短时间内排出绝大部分进入呼吸道的粉尘。但长期大量吸入粉尘，会使上述清除功能减弱，进而导致粉尘大量沉积，最终造成疾病。

三、生产性粉尘对健康的影响

粉尘危害是多方面的，除了肺脏，其他器官如淋巴系统、神经系统、心血管等也可能受到不同程度的损害。

1. 对呼吸系统的影响

对机体影响最大的是呼吸系统损害，包括尘肺病、粉尘沉着病、有机粉尘的肺部病变等疾病。

（1）尘肺病。由于在职业活动中长期吸入生产性粉尘并在肺内潴留而引起的以肺组织弥漫性纤维化为主的疾病。

（2）粉尘沉着病。某些惰性金属粉尘如锡、铁、锑等粉尘被吸入后可沉积于肺部组织，呈现一般的异物反应或引起急性支气管炎和支气管哮喘。由于粉尘沉着病对人体健康危害较小或无明显影响，经治疗或脱离粉尘作业后病变可逐渐减轻或消失。

（3）有机粉尘的肺部病变。可引起棉尘病、职业性过敏性肺炎、职业性哮喘等。

2. 对皮肤、黏膜、上呼吸道的刺激作用

接触或吸入粉尘，会对皮肤、黏膜、上呼吸道等产生局部的刺激作用，并产生一系列的病变。如粉尘作用于呼吸道，早期可引起鼻腔黏膜机能亢进、毛细血管扩张，久而久之便形成肥大性鼻炎，最后由于黏膜营养供应不足而形成萎缩性鼻炎；作用于上呼吸道可形成咽炎、喉炎、气管及支气管炎；作用于皮肤可形成粉刺、毛囊炎、脓皮病，如铅尘浸入皮肤，会出现一些小红点，称为“铅疹”。

3. 致癌作用

接触镍、铬、铬酸盐粉尘或接触放射性矿物粉尘，可以引起肺癌；石棉粉尘也可引起肺癌和间皮瘤。

4. 感染作用

破烂布屑、兽皮、谷物等有机性粉尘常附有病原菌，如丝菌、放射菌属等。这些病原菌随粉尘进入肺内，可引起肺霉菌病等。

5. 中毒作用

吸附或者含有可溶性有毒物质的粉尘如铅、锰、砷等，可很快被呼吸道黏膜溶解吸收，引起中毒。

四、有机性粉尘对健康的影响

1. 有机性粉尘分类

有机性粉尘可分为植物性粉尘（如棉尘、谷物尘、木粉尘、茶尘等）、动物性粉尘（如皮毛粉尘、桑蚕丝尘等）和人工有机性粉尘（如聚氯乙烯粉尘、玻璃棉粉尘等）三大类。

2. 有机性粉尘引起的疾患

有机性粉尘可给人体带来多种危害，除可引起上呼吸道黏膜的炎症（包括慢性鼻炎、咽炎及扁桃体炎）、尘源性支气管炎、职业性哮喘外，还会引起以下几种较严重的疾患。

（1）棉尘病。棉尘病是长期接触棉、麻等植物性粉尘引起的、具有特征性的胸部紧束感或胸闷气短等症状，并伴有急性通气功能下降的呼吸道阻塞性疾病，长期反复发作可致慢性通气功能损害。从业人员常在假日或周末休息后，重新上班的 2~3 h 出现胸部紧束感、胸闷、气短、干咳等症状。如果从业人员继续接尘工作，可加重症状，甚至会出现发热、咳嗽、气急、呼吸困难等症状。

（2）职业性变态反应性肺泡炎。职业性变态反应性肺泡炎是在生产过程中因吸入某些具有抗原性有机性粉尘所引起的以肺泡变态反应改变为主的呼吸系统疾病。在组织学上出现肺泡炎、肉芽肿、肺间质纤维化，在血清学上出现特异性沉淀抗体。目前国内外公认的由有机性粉尘所致的职业性变态反应性肺泡炎有：农民肺、养鸟人肺、纸浆工人肺、软木栓尘肺、锯末尘肺、除虫菊肺泡炎、空调病、污水淤泥病等。此类疾病均可出现发热、咳嗽、气急、呼吸困难等症状。

（3）有机性粉尘所致其他肺部疾患。有机性粉尘虽然对细胞的毒性不甚明显，但大量沉积在肺泡腔内，通过异物作用和机械刺激作用，会引起异物性肉芽肿，进一步发展为肺间质纤维化。有机性粉尘所致的肺部疾患主要有木尘肺、茶尘肺及人工合成有机物引起的合成纤维尘肺等。

五、装修粉尘与健康

室内装修粉尘主要是由凿内墙地面、刨木屑及抛光产生的，装修产生的大量粉尘，对从业人员的眼睛、上呼吸道、肺部等都非常有害。粒径小于 5 μm 的粉尘，可以直接进入肺泡，把细菌带入体内。如果装修后的废物得不到及时清理，其中的粉尘还会成为病菌的载体，传播疾病的机会就会大大增加。另外装修的油漆、涂料等产生的苯、甲醛等化学污染物可通过呼吸道进入体内，刺激呼吸道黏膜，降低人体的免疫功能。

小知识 XIAOZHISHI

呼吸系统的组成和生理功能

1. 呼吸系统的组成

呼吸系统是执行机体和外界进行气体交换的器官，由呼吸道和肺脏两大部分组成。呼吸道包括鼻腔、咽、喉、气管和各级支气管，它们的管壁由骨或软骨作为支架，以保证气流畅通，其中咽的口部和喉部又是消化道和呼吸道的共同通道。临床上将鼻腔、咽、喉称为上呼吸道，气管和支气管称为下呼吸道，如图 1-3 所示。肺又分为左肺和右肺两个部分，左肺有上、下 2 个肺叶；右肺有上、中、下 3 个肺叶。肺的基本构成单位是肺小叶，它是由终末细支气管分出的呼吸性支气管、肺泡管、肺泡囊和肺泡组成的终末呼吸单位。气体进入肺泡，在此与肺泡周围的毛细血管内的血液进行气体交换。空气中的氧气，透过肺泡进入毛细血管，通过血液循环，输送到全身各个器官组织，供给各器官氧化过程的需要，各器官组织产生的代谢产物，如二氧化碳再经过血液循环运送到肺，然后经呼吸道排出体外。此外，肺内还含有丰富的毛细血管、淋巴管和神经等。

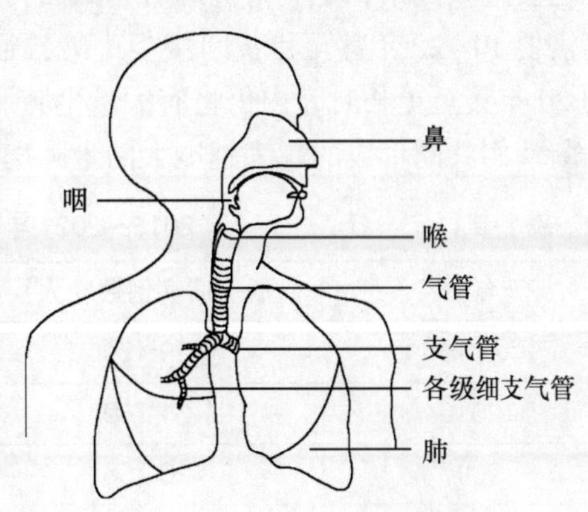

图 1-3 呼吸系统结构示意图

2. 呼吸系统的生理功能

呼吸系统除了有吸入氧气、排出二氧化碳的功能以外，还有防御、免疫和代谢功能。呼吸系统属于开放性器官，直接与外界密切接触，因此空气中的各种微生物、过敏原及其他有害物质可通过呼吸融于血液中。由于肺又是唯一接受心脏输出全部血液的器官，因此血液内的很多抗原或免疫复合物可经过肺毛细血管沉着于肺内而引起疾病。但由于呼吸系统具有完整而复杂的防御和免疫机制，因此保证了呼吸器官的正常生理功能和下呼吸道的无菌状态。许多物质生成、释放、激活、灭活等代谢过程都在肺脏内进行。

第三节 我国尘肺病防控和面临的主要问题

一、我国尘肺病发病情况

尘肺病多年来一直高居我国职业病榜首，是我国发病最多、危害最严重的一种职业病，每年新发病例占各类职业病总病例数的80%以上，尘肺病病例中又以矽肺和煤工尘肺病例数量最多。

国家卫生健康委公布的数据显示，近几年我国尘肺病每年新发病例数平均达到2万例以上，见表1-2。截至2021年年底，我国累计报告职业病102.6万例，其中尘肺病91.6万例，约占报告职业病病例总数的89.3%。有研究表明，我国每例尘肺病患者年均医疗费用1.905万元，其他费用4.579万元，以尘肺病例诊断后平均32年生存期计算，不考虑通货膨胀因素，平均每例患者患病后将造成的经济负担为207.5万元。由于尘肺病发生多需要10~20年甚至更长的接尘工龄，且脱离粉尘接触后仍可以发病，因此预计在未来的20年甚至更长时间内仍将有大量尘肺病新病例陆续发生。尘肺病现患病例及陆续发生的新病例共同形成的越来越庞大的尘肺病患者群体，已成为我国严重的公共卫生问题。

表1-2 2015—2021年我国尘肺病新发病例数

年份	职业病病例数（人）	尘肺病病例数（人）	尘肺病占比（%）
2015	29 180	26 081	89.4
2016	31 789	27 992	88.1
2017	26 756	22 701	84.8
2018	23 497	19 468	82.9
2019	19 428	15 898	81.8
2020	17 064	14 367	84.2
2021	15 497	11 809	76.2

二、我国尘肺病防控面临的问题

2019年7月，国家卫生健康委等十部门联合印发《尘肺病防治攻坚行动方案》（国卫职健发〔2019〕46号），明确了攻坚行动总体要求、行动目标、重点任务和保障措施。尘肺病防治工作关系广大从业人员的身体健康和生命安全，关系“健康中国”和实现人民健康与经济社会协调发展的国家战略，是重大的社会问题和民生问题。现阶段，由于我国正处于工业化、城镇化快速发展阶段，几十年粗放式发展中积累的职业病问题逐渐显现，尘肺病等职业病防治形势十分严峻。

当前，尘肺病防治工作面临一系列突出问题：一是用人单位主体责任和地方政府监管责任落实不到位，如很多中小微型企业工作场所粉尘超标严重，部分地方政府重视不够、监管不力；二是职业性尘肺病诊断难，很多患病农民工流动性较大，常常无法提供职业史等证明材料，由此引发的劳动争议和群体性事件时有发生；三是对低收入尘肺病患者保障水平低，尘肺病患者需要终身治疗，因病致贫、因病返贫现象十分普遍；四是职业健康监管和尘肺病等职业病防治技术能力不足，这是由基层职业健康监管力量薄弱、职业病防治机构缺乏专业技术人员和装备所致。

第二章 尘肺病

第一节 尘肺病概述

尘肺病是我国一种最常见的职业病，其发现可追溯到古代的采矿、金属加工和石材建筑。我国在公元10世纪北宋时期就有粉尘致病的记载。孔平仲在其《谈苑》中记载："贾谷山，采石人，石末伤肺，肺焦多死"，初步指出了尘肺病的病因及其对机体的危害。这些与粉尘有关的肺病曾有多个病名，除了矿工痨病，还有泥瓦匠病、粉尘肺痨、磨工哮喘、陶工病、石匠病等。

一、尘肺病的定义及分类

1. 尘肺病定义

尘肺病是由于在职业活动中长期吸入生产性粉尘并在肺内潴留而引起的以肺组织弥漫性纤维化为主的全身性疾病。尘肺病是我国职业病中影响最广、危害最严重的一类疾病。

从业人员在产生粉尘的环境里工作，长时间吸入大量的生产性粉尘，可使肺组织发生一种弥漫性的、像皮肤"结疤"一样的纤维化，这种纤维化可使肺功能受到损害、甚至丧失气体交换功能，严重时可使患者丧失劳动能力。我们把这类疾病统称为尘肺病。由于吸入粉尘的种类和性质不同，尘肺病的类型、病变的发生和发展情况也各有不同。但从尘肺病发病机制及尘肺病的病理演变进展过程来看，肺组织纤维化主要是吸入无机矿物性粉尘后肺组织发生一系列病理反应的结果。

2. 尘肺病分类

（1）分类。尘肺病分类方式较多，根据发病的速度可将尘肺病分为慢性型、晚发型、速发型尘肺；根据其病理改变可分为结节型、弥漫性纤维化型、尘斑型；按病因将尘肺病分为下列5类：

1）矽肺。是由于长期吸入游离二氧化硅含量较高的粉尘引起的。

2）硅酸盐肺。是由于长期吸入含有结合型二氧化硅（硅酸盐）粉尘引起的，如石棉肺、滑石尘肺、云母尘肺、水泥尘肺等。

3）炭尘肺。长期吸入含炭粉尘所致的尘肺，如煤工尘肺、石墨尘肺、炭黑尘肺等。

4）金属尘肺。是由于长期吸入某些致纤维化的金属粉尘所引起的，如铝尘肺。另有一些致纤维化能力较弱或很弱的金属粉尘，长期吸入后可引起吞噬这些粉尘的细胞在终末细支气管及肺泡腔内聚集并沉积，但肺组织无明显纤维化改变，称为金属及其化合物粉尘肺沉着病，如锡、铁、锑、钡及其化合物粉尘等。还有一些由硬质合金（钨、钛、钴等）吸入为主引起的硬金属肺病，主要表现为肺组织纤维化、间质性肺炎，并伴有职业性哮喘等。

5）混合性尘肺。由于长期吸入两种或多种粉尘，尤其含有游离二氧化硅粉尘和其他粉尘而引起的尘肺。

（2）尘肺病名单。尘肺病是目前我国最主要的法定职业病，它的诊断分期与从业人员享受的工伤保险待遇息息相关。因此，尘肺病必须根据我国颁布的《职业病危害因素分类目录》和《职业病分类和目录》的名单，依据尘肺病诊断标准进行诊断。

我国最早在1957年制定的职业病名单中，规定了包括尘肺病在内的14种法定职业病，但未对尘肺病进行分类。1987年，卫生部、劳动人事部、财政部、中华全国总工会联合修订颁发了《职业病范围和职业病患者处理办法的规定》，列出了12种尘肺病为法定职业病。按照致病粉尘的性质分为：矽肺、石墨尘肺、炭黑尘肺、石棉肺、滑石尘肺、水泥尘肺、云母尘肺、铝尘肺；按照从业人员的作业工种分为：煤工尘肺、陶工尘肺、电焊工尘肺、铸工尘肺。在2002年颁布的《职业病目录》中，进一步增加了“根据《尘肺病诊断标准》和《尘肺病理诊断标准》可以诊断的其他尘肺”。

我国现行的《职业病分类和目录》是由国家卫生计生委、人力资源社会保障部、安全监管总局、中华全国总工会于2013年联合公布的，将尘肺病分为13种，分别是：矽肺、煤工尘肺、石墨尘肺、炭黑尘肺、石棉肺、滑石尘肺、水泥尘肺、云母尘肺、陶工尘肺、铝尘肺、电焊工尘肺、铸工尘肺、根据《尘肺病诊断标准》和《尘肺病理诊断标准》可以诊断的其他尘肺病。目前，《尘肺病诊断标准》已修订为《职业性尘肺病的诊断》（GBZ 70—2015），《尘肺病理诊断标准》已修订为《职业性尘肺病的病理诊断》（GBZ 25—2014），依然适用该目录。

（3）尘肺病的命名。不同粉尘所致尘肺病的命名尚没有规范的标准，根据上述名单可以看出我国公布的13种尘肺病名称除最后一种外，大多数是以致病粉尘命名的，余下的少数几种是以工种或行业命名的，如矽肺、石墨尘肺、炭黑尘肺、石棉肺、滑石尘肺、水泥尘肺、云母尘肺、铝尘肺等是以粉尘的名称命名，而煤工尘肺、陶工尘肺、电焊工尘肺、铸工尘肺则是以工种命名。

二、尘肺病的发病原因

尘肺病的病因非常明确，是由于吸入可导致肺组织纤维化的生产性粉尘所引起的疾病。

正常人的呼吸道具有清除功能，包括呼吸道内的黏液纤毛系统以及肺泡和间质的清除机制。这种不同层次的粉尘清除机制是一个连续的过程，快速清除可清除70%~95%的吸入粉尘，一般在数天内完成；慢速清除约清除10%的吸入粉尘，一般在100天以上，甚至多年才能排出。通过覆盖在肺泡表面的一层表面活性物质和肺泡的张弛活动，大部分的吸入粉尘被移送到具有纤毛细胞的支气管黏膜表面再被移送出去。只有很少部分的粉尘颗粒（粒径<2 μm）能够进入肺泡被巨噬细胞吞噬，并作为“尘细胞”被带入肺泡间隔，再经淋巴或血液循环达到肺及人体的其他组织，产生各种病理生理作用。所以，当吸入过量的粉尘且人体呼吸器官不能将其过滤、附着、阻留，或粉尘沉积于肺泡又不能被完全清除时，吸入的粉尘就会在肺内沉积进而致病。因此，保持呼吸器官的良好自御功能有重要的意义。

进入肺泡不能被清除的粉尘，因其本身的理化性质和生物学作用的不同，会引起不同的组织反应。一般认为，尘肺病是因吸入粉尘所致的肺泡功能结构单位的损伤，早期表现为巨噬细胞肺泡炎，晚期表现为不同程度的肺组织纤维化。

尘肺病引起的肺组织纤维化，形同伤口结疤，肺组织变硬、变厚，弹性下降，肺泡壁进出气体受限，肺泡丧失气体交换的能力，临床表现为呼吸困难、呼吸时需增加力度、容易气促等。简单来说，就是患者因长期处于空气粉尘浓度高的工作环境中吸入粉尘，使粉尘进入肺泡内蓄积并导致肺组织纤维化，肺组织纤维化后，肺脏出现弹性下降，收缩扩张功能受损，氧气进入肺部困难，肺泡不能有效地进行气体交换，以致体内血氧含量不足或二氧化碳量过高，最终引致气促、活动能力下降，呼吸困难等症状。

三、尘肺病的临床表现

尘肺病病变的发生和发展是一个渐进过程，只有当病变发展到一定程度时，才会被人们发现。从业人员从开始接尘到出现临床症状，直至发展为尘肺病，一般要经过十多年或更长时间，这主要取决于患者在生产环境中所接触矿物粉尘的性质、浓度、接尘工龄、防护措施、个体特征以及患者有无并发症等。游离二氧化硅粉尘（矽尘）致肺组织纤维化的能力最强，其所致矽肺也是尘肺病中病情最严重的。矽肺一般在接尘后20~45年均可能发病；其次是石棉纤维粉尘，它不仅有很强的致肺组织纤维化的作用，而且可引起肺癌和间皮瘤。在我国，煤工尘肺患者数最多，因其多暴露于含有游离二氧化硅和煤尘混合性粉尘的工作环境中，故其病情也是比较严重的。

一般来说，尘肺病的早期无明显临床症状和体征，或有轻微症状，肺功能也多无明显变化，往往被患者忽视，但通过拍摄后前位X射线胸片检查，可看出胸片呈尘肺样改变。随着病情的进展，尘肺病的症状逐渐出现并加重，主要是以呼吸系统为主的咳嗽、咯痰、胸痛、呼吸困难4大症状，以及喘息、咯血和全身症状。晚期患者呼吸极其困难，稍做活动或休息时也会感到气紧，不能平卧，常伴有食欲减退、头昏、乏力、体重下降、盗汗等症状。尘肺病通常病程较长，患者即使脱离粉尘接触环境，病情仍会加重，是需要进行终生康复治疗的慢性病。在临床监护好的情况下，许多尘肺病患者的寿命可以基本达到社会一般人群的平均水平。

1. 咳嗽

咳嗽是一种突然性、爆发性呼吸运动，有助于清除气管的分泌物，因此咳嗽的本质是一种保护性反射。咳嗽感受器分布于大支气管、气管及咽部，受呼吸道分泌物刺激而引起咳嗽。咳嗽是尘肺病患者最常见的表现，主要与并发症有关。早期尘肺病患者的咳嗽多不明显，但随着病情的进展，咳嗽明显加重，特别是并发慢性支气管炎或肺部感染，咳嗽会非常严重。吸烟患者咳嗽较不吸烟者明显。

2. 咯痰

即使在咳嗽很少的情况下，患者也会有咯痰，这主要是由于呼吸系统对粉尘的清除导致分泌物增加所致。一般痰量不多，多为灰色稀薄状，如并发慢性支气管炎及肺部感染，痰量明显增多，痰可以为黄色黏稠状或块状，常不易咯出。煤工尘肺患者的痰多为黑色，晚期煤工尘肺患者可咯出大量黑色痰，其中可明显地看到煤尘颗粒，多是大块纤维化病灶由于缺血性坏死所致。接触石棉的从业人员及石棉肺患者的痰液中可以检查到石棉小体。

3. 胸痛

几乎每个患者或轻或重均有胸痛，与尘肺病以及其他临床表现多不相关，也不是平行关系，早期、晚期尘肺病患者都有胸痛，其中以矽肺和石棉肺患者更为多见。胸痛部分原因可能是纤维化病变的牵扯作用，特别是胸膜的纤维化及胸膜增厚、肺脏表面的肺大泡的牵拉及张力作用等。胸痛的部位不固定，而且常常变化，多为局部疼痛；疼痛性质不严重，一般主诉为隐隐的疼痛，也有的描述为胀痛、针刺样疼痛。如果突然发生胸痛，吸气时可加重，或有提示气胸的症状，患者应高度重视。气胸是尘肺病患者的严重合并症，常危及患者的生命。

4. 呼吸困难

呼吸困难和病情的严重程度相关。随着肺组织纤维化程度的加重、肺组织弹性下降、肺泡气体交换能力的丧失、肺泡内有效呼吸面积减少、通气/血流（V/Q）比例失调，缺氧导致呼吸困难逐渐加重。肺脏合并症的发生可明显加重呼吸困难和发展速度，并可累及心脏，引起肺源性心脏病（简称肺心病）。肺源性心脏病会很快引起心肺功能恶化，导致心脏功能衰竭和呼吸功能衰竭，这是尘肺病患者死亡的主要原因。

5. 咯血

咯血较为少见。咯血可能由于上呼吸道长期慢性炎症引起黏膜血管损伤，而致痰中带有少量血丝，也可能由于大块纤维化病灶的溶解破裂损伤到血管而咯血，但其主要原因是并发肺结核，且咯血时间较长，量也较多。咯血一般会自然好转，尘肺大咯血比较少见。因此，诊断尘肺病患者时应注意：尘肺病患者如有咯血，应十分注意是否患有并发肺结核。一般尘肺并发肺结核的咯血时间较长，量也会较多，应及时治疗。尘肺合并肺结核咯血居尘肺结核死因的第一位。24 h 内咯血少于 100 mL 为少量咯血，100~500 mL 为中等量咯血，大于 500 mL 或一次咯血 100 mL 为大咯血。尘肺合并肺结核患者发生大咯血时引起的窒息，是尘肺病患者主要的死亡原因之一。

6. 其他

除上述呼吸系统症状外，尘肺病还可能引起程度不同的全身症状，常见的有消化功能减弱、食欲不振、腹胀、大便秘结等。

四、尘肺病的 X 线肺部表现

我国尘肺病诊断的主要依据是高千伏 X 线胸片和数字化摄影（DR）胸片影像学表现，对照国家发布的标准进行诊断分期，尘肺病的 X 线肺部表现主要分为 3 种。

1. 小阴影

在 X 线胸片上肺野内直径或宽度不超过 10 mm 的阴影称为小阴影，按其形态可分为圆形或不规则形两类。圆形小阴影用英文字母 p、q、r 表示，直径大小分别为：$p \leqslant 1.5$ mm、1.5 mm$<q\leqslant$3 mm、3 mm$<r\leqslant$10 mm；不规则形小阴影用英文字母 s、t、u 表示，直径大小分别为：$s\leqslant$1.5 mm、1.5 mm$<t\leqslant$3 mm、3 mm$<u\leqslant$10 mm。

局部小阴影明显增多聚集成簇，但尚未形成大阴影时，称为小阴影聚集。

2. 大阴影

直径或宽度>10 mm 的阴影为大阴影。除肺部表现外，还可以有胸膜和肺门阴影的改变，如胸膜斑和肺门淋巴结蛋壳样钙化等。

胸膜斑，是指在 X 线胸片上，肺野内除肺尖部和肋膈角区以外出现的厚度>5 mm 的局限性胸膜增厚，或局限性钙化胸膜斑块，一般是由于长期接触石棉粉尘而引起的。

3. 小阴影密集度

小阴影密集度指一定范围内小阴影的数量，读片时将肺尖至膈顶的垂直距离等分为三，用等分点的水平线把每侧肺野分为上、中、下区，如图 2-1 所示。应首先判定各肺区的密集度，然后确定全肺的总体密集度。小阴影密集度分级采用四大级和十二小级分级，四大级即 0、1、2、3 级：①0 级，无小阴影或甚少，不足 1 级的下限；②1 级，有一定量的小阴影；③2 级，有多量的小阴影；④3 级，有很多量的小阴影。

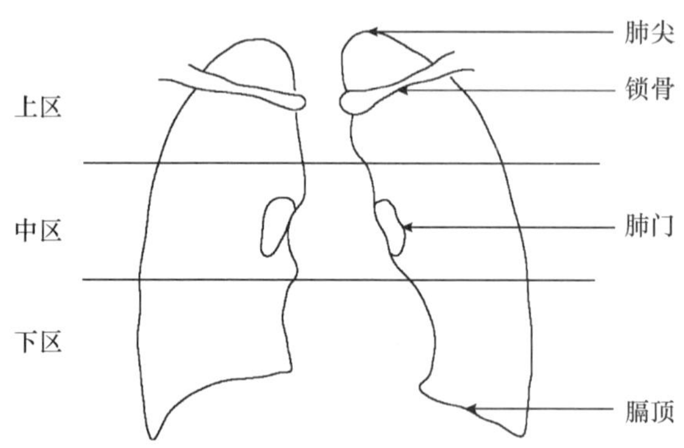

图 2-1　肺区的划分示意图

十二小级是在四大级的基础上再把每级划分为三小级，即①：0/-、0/0、0/1 为 0 级；②：1/0、1/1、1/2 为 1 级；③：2/1、2/2、2/3 为 2 级；④：3/2、3/3、3/+为 3 级。

4. 肺区密集度判定

在小阴影密集度的基础上，对照相应形态的密集度组合标准片，按照《职业性尘肺病的诊断》（GBZ 70—2015）的规定判定6个肺区（左肺3个肺区、右肺3个肺区）小阴影密集度，以12小级表示。若小阴影密集度与标准片基本相同，分别记录为1/1、2/2、3/3。若小阴影密集度与标准片比较，认为较高一级或较低一级也应认真考虑，则同时记录下来，例如2/1或2/3，前者含义是密集度属2级，但1级也要考虑；后者含义是密集度属2级，但3级也要考虑。判定肺区密集的原则是小阴影分布范围至少占该肺区面积的三分之二。

5. 总体密集度判定

总体密集度是指全肺6个肺区内密集度最高肺区的密集度，是在对小阴影密集度分肺区判定的基础上对全肺小阴影密集度的一个总体判定，以4大区分级表示。

6. 分布范围判定

小阴影分布范围是指出现有密集度1及以上小阴影的肺区数。

五、尘肺病的并发症与合并症

并发症是指一种疾病在发展过程中引起另一种疾病或症状的发生，后者即为前者的并发症，如消化性溃疡可能有幽门梗阻、胃穿孔或大出血等并发症。合并症是指在特殊的生理状况下或者一种疾病在发展过程中，合并发生了另外一种或几种疾病，后一种疾病不是特殊的生理状况或前一种疾病引起的，如妊娠合并原发性高血压、糖尿病合并乙型肝炎等。并发症与合并症可以简单地理解为某种疾病伴随症状（疾病）。为了便于读者理解，本书将尘肺病的伴随症状（疾病）统称为并发症。

尘肺病患者由于长期接触矿物性粉尘，呼吸系统的清除和防御机制受到严重损害，加之尘肺病慢性、进行性的长期病程，患者抵抗力明显降低，常常发生各种并发症。尘肺病患者比较常见的并发症有肺结核、支气管炎、肺炎、肺气肿、自发性气胸、慢性阻塞性肺疾病（COPD）和肺源性心脏病等。

并发症对尘肺病的治疗、病情进展和预后康复均产生重要影响，这些并发症常常可以加速尘肺病的发展，且常常是引起尘肺病患者死亡的主要原因。因此，及时正确诊断和治疗各种并发症，是挽救患者生命、改善病情、延长寿命、提高患者生命质量的重要保障。

1. 肺结核

尘肺病患者由于抵抗力降低，易感染肺结核。肺结核是一种常见的尘肺病并发症，并发率可以达到30%~60%。尘肺病并发肺结核的患者不仅比单纯尘肺病患者病情进展快、易恶化、预后不良，死亡率也高出很多。除气急、胸痛外，还可能有全身无力、疲劳、盗汗、潮热及咳嗽、咯痰、咯血等。尘肺并发肺结核患者的痰化验可能会发现结核杆菌；肺部可以听到局限性的湿性啰音；X线胸片上除看到尘肺病变外，还可看到结核病变。

2. 支气管炎与肺炎

支气管炎与肺炎这两种病也是尘肺病患者比较易患的并发症，其中以支气管炎更常见。当尘肺病患者并发支气管炎时，其表现有咳嗽、咯痰，还可能会有发热、气喘等症状；如果并发肺炎，则咳嗽更加严重，咯黄绿色脓痰，发热、气急较明显；如果并发大叶性肺炎，则发病比较突然，高热、咯铁锈色痰，胸痛与气急更显著，口唇及嘴角可能有疱疹等。血常规检查时，可发现白细胞增高，特别是大叶性肺炎，增高比较显著；胸部 X 线检查时，这 3 种病各有不同的疾病特点。

3. 自发性气胸

自发性气胸是尘肺病比较常见的并发症。尘肺病并发气胸是急症，诊断不及时或误诊，可造成严重后果。矽肺患者，尤其是晚期矽肺患者，由于肺部有广泛严重的纤维化，以及肺气肿和肺大泡，常发生气胸。例如患者剧烈咳嗽，就可以使气肿的肺泡或肺大泡破裂，空气从肺腔进入胸腔，这时由于大量的气体进入胸腔而产生气胸。当发生局限性气胸时，会没有症状或仅感到胸部发闷发紧。当发生比较广泛的气胸时，可能会突然感到胸痛和呼吸困难，胸痛可放射至发生气胸这一侧的肩部、手臂和腹部，同时还可能有脸色苍白、发绀、出汗等表现。当检查患者时，可发现脉搏比较细微，血压下降，肋间隙增宽，心脏及气管出现移位；叩诊时，会有声音比平时响亮，呈鼓音，呼吸音减弱或者消失等现象；胸部 X 线检查时，可以很清楚地看到肺被气体压缩的情形。

4. 肺气肿

肺气肿是尘肺病较常见的并发症，是一种不可逆性并发症，一般随着尘肺病的进展而加重。有研究表明，尘肺病壹期并发肺气肿患者占 72.6%、尘肺病贰期并发肺气肿患者占 80.9%、尘肺病叁期并发肺气肿患者占 92.3%。尘肺病并发肺气肿的原因，除与普通人群相同的因素，如常年吸烟、年龄、慢性支气管炎、支气管哮喘等密切相关，还与粉尘大量沉积于细支气管和肺泡，使其膨胀或破裂，导致肺组织的含气量增多，有效呼吸面积减少有关。

当尘肺病患者并发肺气肿时，其症状随着肺气肿的轻重程度而不同，主要表现是慢性进行性的呼吸困难和缺氧并伴有不同程度的气急、口唇及指甲发绀、咳嗽、头昏、无力等。肺气肿的早期可无症状或仅在劳动、运动时感到气短。随着肺气肿病情发展，呼吸困难程度随之加重，以至稍一活动或完全休息时仍感气短。典型肺气肿患者的表现有呼吸短促、两肩高耸、颈部变得较短、胸廓外形呈桶状等，肺功能检查可有不同程度的肺通气功能障碍，X 线胸部拍片和透视检查都可以看出肺气肿的变化特点。

5. 肺源性心脏病

在人的体内，肺脏和心脏两大器官相互之间有非常密切的关系，心脏异常时可影响到肺，而肺部异常时也会影响到心脏。由于尘肺病直接影响肺功能及肺组织结构，致肺组织慢性纤维增生并伴有小血管损坏、局部或广泛的肺气肿、长期慢性缺氧，均会使肺动脉高压。肺动脉高压会加重心脏负担，久而久之心脏就会发生代偿、衰竭，继而引起肺源性心脏病及心衰。由于肺部疾病的原因而引起的心脏病，统称为肺源性心脏病。

尘肺病患者发生肺源性心脏病的主要表现，除尘肺病的症状外，还会出现活动后胸闷、气短，或心率加快、心律不齐、口唇及指甲发绀等症状。当发生心力衰竭时，可能出现呼吸困难加重，下肢水肿、少尿，甚至昏迷。检查时，可有肺动脉高压和右心室肥大的体征，大部分有肺气肿的各种表现。X 线检查可以发现心脏的阴影有改变，如肺动脉段突出，右心室扩大等。

在护理中要注意让患者多休息，限制其活动，避免劳累。出现心衰时应卧床休息，呼吸困难时取半坐位或坐位。对长期卧床患者要预防褥疮。缺氧时，可持续低流量给氧，一般采用 1～2 L/min 的氧流量，特殊情况遵医嘱。平时患者应低盐或无盐饮食。

六、尘肺病是否会传染

有些人发现身边有几人同时得了尘肺病，因此怀疑尘肺病能相互传染。传染病是由各种病原体引起的，能在人与人、动物与动物或人与动物之间相互传播的一类疾病。传染病的致病因素是病原体，病原体大部分是指微生物（细菌、病毒、真菌等），小部分为寄生虫。

尘肺病的致病因素是生产性粉尘，不是病原微生物，因此尘肺病不具传染性。一个人患有尘肺病，是因为粉尘沉积于肺内不能排出而引起的疾病，因此不会传染他人。身边几名从业人员同时患病，是由于大家的工作环境相同，接触的粉尘的浓度、粉尘性质、接触时间、防护措施都相同，所以每人吸入肺内的粉尘量基本相同，进而引起疾病，不是因为传染而患病。

但由于尘肺病患者容易发生某些具有传染性的并发症，如活动性肺结核，就有可能将肺结核传染给他人。尘肺并发肺结核后可导致咳嗽、咯痰加重，并且会出现低热、盗汗、咯血等结核病症状。但肺结核的症状仍容易被尘肺病的症状所掩盖，影像学也不易将其与尘肺病病灶区分，因此容易被漏诊。尘肺并发活动性肺结核时具有传染性，因此尘肺病患者需要警惕并发活动性肺结核的发生。尘肺病患者应积极锻炼身体，增强体质，加强营养，避免接触肺结核患者。一旦尘肺病患者并发肺结核，要尽早到结核病专科医院规范治疗。

第二节　尘肺病的特点

我国法定职业病目录中 13 种尘肺病，虽然按照同一个诊断标准和同一组尘肺病标准片进行诊断，且具有本章第一节介绍的相同的症状和并发症，但是在接触行业、发病症状、X 线胸片影像特征、临床表现和预后等方面有各自的特点。

一、矽肺

1. 定义

矽肺是指生产过程中长期吸入游离二氧化硅粉尘所引起的以肺组织弥漫性纤维化为

主的全身性疾病。我国矽肺病占尘肺病例总数的50%左右，位居第一，是尘肺病中危害最严重的一种类型。由于早期将化学元素Si称为矽，所以在卫生学的专业术语中一直沿用其习惯用语，如矽尘、矽肺、煤矽肺等。

由于接触粉尘中游离二氧化硅含量不同、工作场所粉尘浓度不同，其所致矽肺的临床表现、疾病的发展和转归，甚至病理改变也不同，一般来说，粉尘中游离二氧化硅含量越高，矽肺发病时间越短，病变也越严重。根据矽肺发病的速度将矽肺分为慢性矽肺、晚发型矽肺和速发型矽肺3种。

（1）慢性矽肺。慢性矽肺也称典型矽肺，是指接触较低浓度游离二氧化硅粉尘15~20年后才逐渐发病，其病理变化有：①结节型矽肺，其典型的病变是矽结节；②弥漫性间质纤维化型矽肺，病变多为弥漫性间质纤维化型；③团块型矽肺，矽结节增多、增大，进而融合，并在其间继发纤维化病变，融合扩展而形成团块。矽肺X线胸片表现：最重要的是圆形小阴影，大阴影为晚期矽肺的重要表现，胸膜粘连增厚，可见肋膈角变钝或消失；晚期膈面粗糙，肺纤维组织收缩和膈胸膜粘连呈“天幕状”阴影。有弥漫性、局限性、灶周性和泡性肺气肿，严重者可见肺大泡。

（2）晚发型矽肺。由于矽肺发病一般比较缓慢，在接尘作业后20~45年间均可能发病，所以有些接触矽尘作业的从业人员，在接尘工作期间没有发病，或发现异常但尚不能诊断为矽肺，在脱离接尘作业若干年后被诊断为矽肺，其病理学和影像学改变与慢性矽肺的典型改变基本一致。

（3）速发型矽肺。速发型矽肺也称为急性矽肺。从业人员持续吸入高浓度、高含量游离二氧化硅的矽尘，可在1~2年，甚至更短的时间内发病。病理特征为肺泡腔内有大量蛋白分泌物，称之为矽性蛋白；可伴有纤维增生，形成小纤维灶乃至矽结节；患者病情进展迅速，死亡率高。

矽肺发病的影响因素包括：粉尘中游离二氧化硅含量、游离二氧化硅类型、粉尘浓度和分散度、接尘工龄、防护措施、接触者个体因素等。矽肺的主要致病因素是游离二氧化硅，粉尘中游离二氧化硅含量越高，发病时间越短，病情越严重。游离二氧化硅分为结晶型、隐晶型、无定型3种不同结构，其致纤维化能力依次为结晶型>隐晶型>无定型。结晶型游离二氧化硅致纤维化能力依次为鳞石英>方石英>石英>柯石英>超石英。

2. 接触行业

接触含有游离二氧化硅粉尘的作业非常广泛，几乎遍及各行各业，主要有：

（1）采矿业。各种金属、非金属、煤炭等矿山开采行业，采掘作业中的凿岩、掘进、爆破、运输等均有粉尘的产生。如钨矿、铜矿、金矿、铅锌矿等从业人员矽肺发病率最高。其他如煤矿、铁矿、镍矿、铀矿和非金属矿的岩石中均含有石英成分，也可导致矽肺。近年来一些金矿开采行业从业人员的矽肺发病率呈爆发式增长，主要与企业防尘意识较差、通风除尘设施缺乏、从业人员没有佩戴个体防护用品有关。

（2）建筑和装修业。建筑业中的采石、轧石、石料切割、石料粉碎加工等各工种均可引起矽肺。近年来我国房地产业迅猛发展，带动了装修产业的长足发展，许多从业人员也患上矽肺。如打眼工，几乎都是干式作业。

（3）道路桥梁建设业。修建公路、铁路、水利电力工程，开挖隧道、开山凿路和涵洞挖掘中的风钻工、爆破工、运输工常常接触大量粉尘，矽肺发病率高、发病工龄短、病情严重。

（4）石英加工业。石英的粉碎、研磨、运输过程均会接触粉尘。

（5）冶金、制造、加工业。冶炼厂、石粉厂、玻璃厂、耐火材料厂生产过程中的原料破碎、研磨、筛分配料、炼炉的修砌等工序均会产生粉尘。

（6）机械制造业。铸造车间的原料粉碎、配料、铸型、打箱、喷砂等生产过程会产生大量粉尘。

（7）石材加工行业。各类石材加工，如加工各种石料物件、工艺品、雕刻等，无论手工加工或机械加工，大多是露天作业，在风的作用下，扬起的粉尘会被从业人员吸入呼吸系统，而粉尘的石英含量很高，因此工人的矽肺发病率较高。

其他行业如珠宝加工业、陶瓷厂原料制造业等均能产生大量的含游离二氧化硅粉尘。

3. 临床表现和诊断

（1）症状。肺脏的代偿功能很强，矽肺患者可在相当长的时间内无明显症状，但X线胸片上会呈现显著的矽肺影像改变。因此，矽肺症状的有无或轻重与矽肺期别不一定呈正相关。不同程度的“易疲劳感”几乎是所有尘肺病的共同早期特征。随着病情的进展，或有并发症时，可出现胸闷、气短、胸痛、咳嗽、咯痰等症状。

1）胸闷、气短。如果肺组织纤维化影响到肺脏内毛细血管时，会对肺血管造成不同程度的影响，使肺血流灌注情况改变，这势必会影响到心脏功能，造成机体抵抗力进一步下降，胸闷、气短等症状就会随之出现。胸闷、气短实际上是呼吸困难的一种主诉，是矽肺的早期症状，呈进行性加重，起先发生在体力劳动后，可进一步发展至在轻体力劳动甚或安静时也会出现。

2）胸痛。约半数患者可出现胸痛的症状，多较轻微，通常为性质、部位均不固定的刺痛或胀痛，发生原因可能与胸膜受累有关。如果胸痛突然加重并伴有气急，应考虑自发性气胸的可能。

3）咳嗽、咯痰。如果患者气管受到影响，咳嗽症状或咯痰症状就会出现，甚至产生慢阻肺或支气管扩张等并发症。早期多为干咳，并发支气管或肺部感染时咳嗽加剧，并出现多量黏液脓性痰。少数患者可咯少量血痰，大量咯血罕见。

4）其他。部分患者可有无力、食欲不振、腹胀，以及头晕、头痛、失眠、心悸等症状。

（2）体征。矽肺患者早期多数无阳性体征。随病期进展及并发症的出现，可产生各种相应的体征。如继发肺气肿时可出现桶状胸、杵状指；并发胸膜炎时，可闻及胸膜摩擦音；并发支气管炎、支气管扩张时，可有哮鸣音、湿性啰音；晚期并发肺源性心脏病时，可产生右心衰竭体征，如发绀、颈静脉怒张、肝大、下肢可凹性水肿等。

（3）X线胸片表现。矽肺X线胸片表现与其他粉尘的X线表现基本相同，其病理基础是肺纤维化，高亮度纤维化结节在X线胸片上表现为圆形或不规则小阴影及大阴影。

1）小阴影。小阴影是指肺野内直径和宽度不超过10 mm的阴影，可分为圆形小阴影和不规则形小阴影。

①圆形小阴影。圆形小阴影是矽肺最重要和最常见的一种 X 线表现形态，病理改变主要是矽结节。在 X 线胸片上可见散在、孤立的圆形小阴影，最初多出现于两肺中下区，一般较淡、较少。随着病变的进展，小阴影逐渐致密、增多，向两上肺区扩展，最终可遍及全肺。

②不规则小阴影。不规则小阴影多为接触游离二氧化硅含量较低的粉尘所致，病理基础主要是肺间质纤维化。肺内可有数量不等呈网状或星芒状，粗细、长短、形态不一的不规则阴影，初期也多出现于两肺中下区，弥漫分布，随着病变的进展，向两上肺区扩展。

2）大阴影。融合块状大阴影是晚期矽肺的特征性表现，多分布于两上肺野外带。初期为若干、密集、重叠的局部小阴影，或为轮廓不清的大阴影，而后逐渐发展为致密而轮廓清楚的团块，最后形成周围包绕有气肿带的大阴影。大阴影的形态多种多样，可单独位于一侧，也可与肋骨垂直呈翼状或八字形对称分布于两肺。胸膜同时会增肥增厚；肺门阴影增大、浓密，有时可见肺门淋巴结蛋壳样钙化阴影，并可能伴有“白圈黑点”的小叶中心性肺气肿和肺野透亮度增高的“弥漫性肺气肿”征象。

（4）肺功能。肺功能损害与肺部病理改变，尤其是纤维组织增生和肺气肿的范围和程度有密切关系。

矽肺早期即有肺功能损害，因为肺有很强的代偿性，早期肺功能变化小，临床肺功能检查多属正常。随着矽肺期别的增加，肺功能变化逐渐明显，主要是肺组织纤维化程度加重，肺的顺应性会逐步降低，从而产生不同程度的限制性通气功能障碍，肺活量（VC）、肺总量（TLC）、残气量（RV）和最大通气量（MVV）下降，同时伴有弥散功能（PLco）障碍，严重时可出现低氧血症。若患者合并慢性支气管炎、肺气肿时，会同时出现阻塞性通气功能障碍，表现为混合性通气功能障碍。矽肺患者肺功能测定是非常重要的检查，这不仅关系到临床诊断与治疗，更关系到劳动能力鉴定的等级，这是能否获得相关赔偿的关键技术之一。

4. 矽肺的预后

矽肺是进行性疾病，发病后虽然脱离接触粉尘，但病情常继续进展，从壹期进展到贰期，由贰期进展到叁期，也可由壹期进展到叁期。矽肺的进展主要取决于既往接触粉尘的浓度和接触粉尘的年限等。发病工龄短的患者，多接触游离二氧化硅含量高的粉尘，这些患者的病情进展快、预后不佳。也有些患者虽有进展，但较缓慢。目前速发型矽肺已很少见，我国在 20 世纪五六十年代常可遇到这样的患者，在接触游离二氧化硅含量高的粉尘环境下工作 2~4 年，甚至半年就发病，病情急剧进展，1~2 年内死亡。有些在脱离粉尘作业后数年至数十年发病的晚发型矽肺，病情进展比较缓慢。单纯矽肺预后较好；矽肺并发肺结核，可加快病情进展；矽肺并发呼吸道感染或并发气胸，均可影响矽肺病程。

二、煤工尘肺

1. 定义

煤工尘肺是指煤矿从业人员长期吸入生产性粉尘所引起的尘肺病的总称。煤矿生产的工种和工序比较多，不同工种和工序的工作面空气中粉尘性质不同，从业人员接触粉尘的情况也各不相同。由于从业人员所接触粉尘的性质不同，其所患尘肺病的类型、临床表现、病理改变和转归也有所不同。

在煤矿开采过程中由于工种不同，从业人员可分别接触煤尘、煤矽尘和矽尘，从而引起的肺组织弥漫性纤维化，统称为煤工尘肺。在岩石掘进工作面工作的从业人员，包括凿岩工及其辅助工、装渣工、放炮工等，主要接触游离二氧化硅含量较多的岩石粉尘，所患尘肺为矽肺；在采煤面工作的从业人员，包括电钻打眼工、采煤机手、回采工、地面煤仓装卸工等，主要接触游离二氧化硅含量较少的煤尘，所患尘肺为煤肺；既在岩石掘进工作面工作又在采煤面工作的从业人员由于实际接触煤尘和矽尘两种粉尘，因此患有混合性尘肺，一般称为煤矽肺，这是我国煤工尘肺中最常见的一种类型。

一般认为，如果吸入的粉尘中游离二氧化硅含量大于10%时会引起矽肺，小于10%时则为煤矽肺或煤肺。我国煤矿从业人员在工作中常常先后从事多个工种，而且生产环境中煤的品位各不相同，品位低的煤层含有大量岩石和其他矿石，含矽量高，反之含矽量低，因此很难确定从业人员吸入粉尘的性质，除非有明确的证据表明煤矿从业人员吸入的是以含游离二氧化硅为主的粉尘。一般将煤矿从业人员吸入上述各种粉尘而引起的肺组织弥漫性纤维化统称为煤工尘肺。

2. 接触行业

煤炭是世界主要能源之一，目前约占世界一次性能源消耗比例的29%。我国是世界上最大的煤炭生产国，煤炭产量约占世界总产量的50%，煤炭是我国的主体能源，占我国能源消耗的70%左右。我国从事煤炭生产人员达数百万，其中接触粉尘从业人员在百万人以上。

煤矿开采主要有地下和露天两种方式。埋藏浅的煤炭或裸露在地表的煤炭，都可以采用露天开采方式。露天开采自然通风良好，飞扬的粉尘颗粒较大，对周围环境的污染及从业人员健康的危害较小。我国多数煤矿为地下开采，煤层最深的部位位于地下数百米。地下开采首先要建立井筒及开凿井下运煤巷道，这些工程都需要岩石钻孔、爆破、装渣、运输等工序。使用风动或电动工具钻孔及爆破时都能产生大量的岩石粉尘，是煤矿粉尘危害最为严重的工序。井下采煤生产过程包括电钻采煤、溜煤、采煤机割煤、支护、运输等工序，其中电动工具及采煤机采煤时产生的粉尘量最大。随着采煤机械化程度的提高，粉尘的产生及粉尘分散度也随之增大，即呼吸性粉尘的浓度也明显增加。干式风动工具凿岩时，工作面粉尘浓度可达800~1 400 mg/m^3，爆破后在爆破中心区及其附近的粉尘浓度可达1 000 mg/m^3 左右，但如果采用湿式作业，工作面的粉尘浓度可显著下降。井下工作面和非工作面的粉尘浓度差别非常大，采掘的各个工序粉尘浓度也各不相同，因此不同工序工种的煤矿从业人员职业接触粉尘的累积剂量差别较大。

我国煤系品种较多，生产环境及工艺多样，煤炭生产性粉尘职业接触也比较复杂。煤炭生产行业是职业病高危行业，井下作业环境恶劣，所以职业性煤工尘肺发病率及发病人数居高不下，再加上医学技术特别是影像技术的提高，煤工尘肺检出率明显增加。总之，煤炭行业依然是我国职业病高发区域，是职业卫生工作的重点行业之一。

3. 临床表现和诊断

（1）症状、体征和肺功能改变

1）症状和体征。煤工尘肺发病缓慢，早期患者多没有临床症状，随着病人年龄的增长及尘肺病变的进展，逐渐出现呼吸系统症状，如咳嗽、咯痰、胸闷、气短等。这些症状常与气候变化以及并发慢性支气管炎有关。在气温较低的冬、春两季，症状往往加剧，夏、秋两季症状减轻。煤矿从业人员吸烟者较多，这也是增加患者呼吸道症状的重要因素。患者早期没有明显体征，病变进展至明显肺气肿、慢阻肺甚至肺源性心脏病时可有桶状胸、浮肿等体征。患者晚期会出现病灶融合，出现大量肺气肿之后症状会更加明显，咳嗽、咯痰症状增多，程度重者，咯出的多半是黑色黏液痰；并发肺部感染时，上述症状明显加重，甚至影响患者的日常生活和活动。如果患者突然咯出大量黑色黏稠痰液，应注意是否出现大块纤维化病变的缺血坏死所形成的空洞。

2）肺功能。煤工尘肺患者由于广泛的肺组织纤维化，呼吸道狭窄，特别是由于肺气肿导致肺泡大量破坏，肺功能测试显示通气功能、弥散功能和气体交换功能都有减退或障碍。

单纯煤工尘肺患者，采用常规肺功能测定可没有或仅有轻度肺功能异常。并发肺气肿的患者中，可出现以阻塞性为主的通气功能障碍和弥散功能损害，并随着病期的进展而呈进行性下降。中晚期会有中重度限制性通气功能障碍，并发慢阻肺或导致气管损伤的疾病会有阻塞性通气功能障碍即表现为混合性通气功能障碍。有些煤工尘肺一开始即出现阻塞性通气功能障碍，可能与大量煤尘阻塞气管有关。

（2）X 线胸片表现。煤工尘肺不论是煤矽肺还是煤肺，X 线胸片上主要表现为圆形小阴影、不规则形小阴影和大阴影，还有肺纹理和肺门阴影的异常变化，但多缺乏特异性。

1）圆形小阴影。煤工尘肺 X 线胸片表现以圆形小阴影为主者较为多见，多为 p 类和 q 类圆形小阴影。其病理基础是矽结节、煤矽结节及煤尘纤维灶。

2）不规则形小阴影。较圆形小阴影少见，多呈网状，有的密集呈蜂窝状，致密度不高。其病理基础为煤尘灶、弥漫性间质纤维化、细支气管扩张、肺小叶中心性肺气肿。

3）大阴影。矽肺和煤矽肺患者 X 线胸片上可见到大阴影，胸片动态观察可看到大阴影多由小阴影增大、聚集、融合而形成；也可由少量斑片、条索状阴影逐渐相连并融合呈条带状；或小阴影周边肺气肿带环绕，形成边缘清楚、密度较浓、均匀一致的大阴影。阴影多在两肺上、中区出现，左右对称。煤肺患者晚期罕见大阴影。

（3）肺纹理和肺门阴影。肺门阴影增大，密度增高，有时还可见到肺门淋巴结蛋壳样钙化或桑葚样钙化阴影。胸膜增厚、钙化改变者较少见，但常可见到肋膈角闭锁及粘连。

4. 煤工尘肺的预后

煤工尘肺中除矽肺外，病变进展缓慢，特别是煤工尘肺病变更为缓慢。煤工尘肺如果不并发肺结核，患者的寿命常接近于正常人群平均寿命。掘进工所患的矽肺病，病变进展快，病死率较高。

三、石棉肺

1. 定义

石棉属于硅酸盐类矿物，化学成分为羟基硅酸镁（Mg_3 [Si_2O_5] [OH]$_4$），含有氧化镁、铝、钾、铁、硅等成分，多数为白色，也有灰、棕、绿色。按照晶体结构和化学成分划分，石棉可分为蛇纹石类和闪石类两种类型。蛇纹石类统称为温石棉，为银白色片状结构，劈分后为中空的管状纤维丝，柔软、可弯曲，具有可织性。温石棉使用量占世界全部石棉产量的95%以上；闪石类为硅酸盐的链状结构，共有5种（青石棉、铁石棉、直闪石、透闪石、阳起石），质硬而脆，其中以青石棉和铁石棉的开采和使用量最大。

石棉是一族天然的纤维性晶型含水硅酸盐矿物，纤维性石棉都具有抗拉性强，不易断裂，耐火、隔热、耐酸碱和绝缘性能好等特点。石棉纤维粗细随品种而异，其直径大小依次为直闪石>铁石棉>温石棉>青石棉。粒径越小则沉积在肺内的量越多，对肺组织的穿透力也越强，故青石棉致纤维化和致癌作用最强，而且出现病变早，在肺门形成较多的石棉小体。温石棉富含氧化镁，在肺内易溶解，因而在肺内清除比青石棉和铁石棉快。

石棉肺是指在生产过程中长期吸入石棉粉尘所引起的以肺组织弥漫性纤维化改变为主的疾病。其特点是全肺弥漫性纤维化，是弥漫性纤维化型尘肺病的典型代表，可以出现胸膜斑形成和胸膜肥厚，不出现或极少出现结节性损害。

石棉肺的发病工龄与生产环境的粉尘浓度有关，一般情况下，发病工龄在10年以上，近年来由于生产环境的改善，发病工龄有延长的趋势，多在15年以上。石棉肺发病后，患者虽然已经脱离石棉粉尘作业，病情仍可进展。

2. 接触行业

石棉具有优异的综合性能，抗拉强度高于钢丝，耐高温，化学性质稳定，表面吸附性强，几乎可无限伸缩，搅拌操作的工艺性、分散性非常好，所以与水泥、树脂、橡胶、沥青、油脂、石墨等的相容性极佳，可以生产建筑材料、摩擦材料、密封材料、保温材料、防火材料等。目前石棉制品或含有石棉的制品有近3 000种，广泛应用于建筑、造船、汽车火车制造、航空航天、供电、消防以及国防建设等20多个工业部门。各个行业主要利用较高品级的石棉纤维织成纱、线、绳、布、盘根等，作为传动、保温、隔热、绝缘等部件的材料或衬料。在建筑工业上广泛应用中低品级的石棉纤维制作石棉板、石棉纸防火板、保温管、窑垫以及保温、防热、绝缘、隔声等材料。石棉纤维可与水泥混合制成石棉水泥瓦、板、屋顶板、石棉管等石棉水泥制品，代替大量钢材，广泛用于各种建筑工程；石棉和沥青混合可以制成石棉沥青制品，如石棉沥青板、布（油毡）、纸、砖以及液态的石棉漆、嵌填水泥路面及膨胀裂缝用的油灰等，成为高级建筑物的防水、保温、绝缘、耐酸碱的材料和交通运输工程必不可少的材料。国防工业上石棉与酚醛、聚丙烯等黏合，可以制成火箭抗烧蚀材料、飞机机翼、油箱、火箭尾部喷嘴管以及鱼雷高速发射器，大小船舶、汽车车身以及飞机、坦克、舰舶中的隔声、隔热材料。石棉与各种橡胶混合压模后，还可作为液体火箭发动机连接件的密封材料。石棉与酚醛树脂层压板，可作导弹头部的防热材料。青石棉还可作防化学、防电离辐射的衬板、隔板、过滤器及耐酸盘根、橡胶板等。接触石棉的作业主要有：

（1）石棉矿开采。主要工种有采矿工、选矿工和运输工等。

（2）石棉加工。主要工种有粉碎、切割、磨光、剥离、钻孔、运输；石棉纺织业中轧棉、梳棉及织布；石棉防火、隔热材料如石棉布、石棉瓦、石棉板、刹车板、绝缘电气材料的制造；石棉水泥制造。上述各项生产环境中产生大量的石棉粉尘，是职业性石棉粉尘接触的主要来源。

（3）石棉制品的应用。在使用石棉制品过程中，对石棉制品的裁制、剥离、打磨等再加工及建筑物表面石棉浆的喷涂等作业均可产生大量石棉粉尘。另外，废石棉的回收再加工、铸造业中使用石棉填压铸模缝隙等，也是职业性接触石棉粉尘的来源。

（4）其他。含石棉建筑物的拆除等工种，也可接触大量石棉粉尘。

3. 临床表现

（1）症状和体征。患者自觉症状出现比矽肺早，主要是咳嗽和呼吸困难。咳嗽一般为干咳或少许黏液性痰难于咯出。早期患者在体力活动时会出现呼吸困难，晚期患者在静息时也发生气急。若有持续性胸痛，首先要考虑的是肺癌和恶性间皮瘤。石棉肺特征性的体征是双下肺出现捻发音，随着病情加重，捻发音可扩展至中、上肺区，其声音也由细小变粗糙。

晚期患者可有杵状指（趾）等体征；伴肺源性心脏病者，可有心肺功能不全症状和体征。

（2）X 线胸片表现。主要表现为不规则形小阴影和胸膜改变。不规则形小阴影是石棉肺 X 线胸片表现的特征，早期多在两肺下区出现密集度较低的不规则形阴影，随病变进展而增粗增多，呈网状并逐渐扩展到两肺中、上肺区。

胸膜改变包括：胸膜斑、胸膜增厚和胸膜钙化。胸膜斑是我国石棉肺诊断分期的指标之一。

（3）肺功能。石棉肺患者由于肺组织弥漫性纤维化，严重损害肺功能。早期肺功能损害是由于弥漫性纤维化后，肺脏硬化，从而导致肺顺应性降低，表现为肺活量渐进性下降，这是石棉肺肺功能损害的特征。弥散量下降是发现早期石棉肺的最敏感指标之一，有研究认为它的下降早于肺活量。如果患者同时伴有肺气肿，则残气量和肺总量可能正常或稍高。随着病情加重，多数石棉肺患者肺功能改变主要表现为肺活量（VC）、用力肺活量（FVC）、肺总量（TLC）下降。若患者第一秒用力呼气容积（FEV1）/用力肺活量（FVC）比值变化不大，则预示肺组织纤维化进行性加重，呈限制性肺功能损害的特征。

（4）石棉粉尘与肿瘤。石棉是公认的致癌物，石棉纤维在肺中沉积可导致肺癌和恶性间皮瘤。石棉所致肺癌、间皮瘤属于《职业病分类和目录》中职业性肿瘤的两种法定职业病。职业病诊断过程中，也有石棉肺和石棉所致肿瘤同时发生在一人身上的病例。

4. 石棉肺的预后

石棉肺是一种慢性进行性疾病，它的预后主要取决于接触石棉的种类、剂量及有无并发症。像矽肺一样，脱离石棉粉尘接触后仍可继续发展，但较矽肺进展缓慢。值得注意的是发病工龄越短，预后越差。

四、其他尘肺

我国现行的《职业病分类和目录》中除上述 3 种尘肺病外，还有滑石尘肺、水泥尘肺、云母尘肺、石墨尘肺、炭黑尘肺、铝尘肺、电焊工尘肺、铸工尘肺、陶工尘肺。

1. 滑石尘肺

（1）接触行业

1）滑石开采、粉碎加工、包装。

2）在化妆品行业用滑石粉制造润滑粉、爽身粉、胭脂及其他化妆品；医药食品行业以滑石粉作为载体和添加剂。

3）在陶瓷和耐火材料工业要用滑石粉作配料，滑石块可加工板材作为炉衬、窑衬或绝缘电盘。

4）建筑材料要用到滑石粉作为防水油毡的辅料。

5）橡胶工业利用滑石粉作为填充料使用。

6）造纸工业利用滑石色白、具有光泽的性能，提高纸张的质量。

7）在油漆中加入高档滑石粉作为本质颜料和惰性补充剂。

8）纺织行业利用滑石粉的低磨损和高白度的特性，作为纺织品的填充剂和增白剂。

9）电缆、塑料要用到滑石粉的抗酸碱性、耐热、绝缘性来提高性能。

（2）临床表现及预后。滑石尘肺早期无明显症状，随病情进展可出现咳嗽、咯痰、胸痛、气急等症状。一般预后较好，病变进展较慢。

2. 水泥尘肺

（1）接触行业。水泥由石灰石、黏土、铁粉、矿渣、石膏、沸石等原料烧制而成，制造水泥过程中接触这些原料粉尘会引起混合性尘肺；接触水泥成品则可引起水泥尘肺，如水泥成品的包装、装卸、搬运、储存作业。

（2）临床表现及预后。发病工龄多在 20 年以上，主要症状为气短、咳嗽、咯痰和慢性鼻炎，体征多不明显。

3. 云母尘肺

（1）接触行业。云母广泛用于电气材料和国防工业。从采矿到磨成细粉过程中产生的云母粉尘和二氧化硅粉尘会引起云母尘肺；在使用过程中如若防护不当也会患上云母尘肺。

（2）临床表现及预后。由于云母采矿过程中游离二氧化硅粉尘含量较高，发病工龄短，因此采矿从业人员自觉症状也较多，主要有胸闷、气短、咳嗽等。云母加工从业人员尘肺发病工龄较长，病变进展较慢，症状较少。

4. 石墨尘肺

（1）接触行业

1）石墨矿的开采、碎矿、浮选、烘干、筛分和包装各工序。

2）以石墨为原料制造各种石墨制品的制造工序，如铅笔、坩埚、润滑剂、耐腐蚀管材等。

3）使用石墨作为钢锭涂覆剂、铸模涂料以及原子反应堆、原子能发电站、导弹等的建造和生产过程。

4）人造石墨的生产以及石墨成品包装工序。

（2）临床表现及预后。患者早期多症状轻微，且病情进展较缓慢。部分患者早期仅有轻度口、鼻、咽部发干，咳嗽、咯黑色黏痰，劳动后有胸闷、气短等症状。晚期特别是并发肺气肿后，症状比较明显。少数病例有通气功能减退，以阻塞性通气障碍为主的症状。石墨尘肺患者体征少见，偶可看到杵状指。石墨尘肺预后一般较好。

5. 炭黑尘肺

（1）接触行业。发生炭黑尘肺的主要工种是炭黑厂的筛分、包装工，其次是使用炭黑制品从业人员，如电机厂配料工、成型工，橡胶轮胎厂投料工。

（2）临床表现及预后。症状多不明显，一般都能参加正常生产劳动，病程极为缓慢，预后较好。

6. 铝尘肺

（1）接触行业。从事铝矿开采，如打孔、爆破、装运、破碎、筛选、研磨、选矿辅助等工作会接触氧化铝粉尘；从事铝电解、铝铸锭、铝制品加工（刨光、研磨）、黄铜喷雾、熔化铝化物等行业的从业人员都会吸入含铝粉尘、烟、雾；建筑材料、电气、航空、船舶、冶金等工业部门，如利用金属铝粉制造炸药、导火剂等。另外烟花爆竹行业以及研磨白刚玉（三氧化二铝）的从业人员也有患上铝尘肺的可能。

（2）临床表现及预后。铝尘肺早期的症状一般较轻，主要表现为轻微的咳嗽、气短、胸闷、胸痛，也可有倦怠、乏力，咯血罕见。由于铝尘对鼻黏膜的机械性刺激和化学作用，可使鼻腔干燥、鼻毛脱落、鼻黏膜和咽部充血、鼻甲肥大。

7. 电焊工尘肺

（1）接触行业。电焊时，焊条芯、焊条外的焊药和被焊接物件在高温下熔化蒸发，氧化物颗粒飘散出来，这就是电焊烟尘。电焊从业人员长期吸入这种烟尘，会患电焊工尘肺。在焊接过程中，所产生的职业危害有：①有害的物理因素，如紫外线、红外线、强烈可见光、电磁辐射、热辐射、噪声等；②有害气体，如臭氧、氮氧化物、氟化物、一氧化碳、二氧化碳等；③有害电焊烟尘，如铁、锰、铝等元素的烟尘。

（2）临床表现及预后。临床症状轻微，在X线胸片上已有明确征象时，也可无明显自觉症状和体征。随着病情进展，特别是并发肺气肿、支气管扩张或支气管炎时，可出现相应的临床症状。病程一般进展缓慢，少数病例在脱离焊接作业后，病情可以逐渐减轻。

8. 铸工尘肺

（1）接触行业。在铸造生产中长期接触粉尘所引起的尘肺统称为铸工尘肺。铸造生产过程包括型砂配置、型砂制造、型砂干燥、合箱、浇铸、打箱和清砂等工序。整个生产过程中都有粉尘产生。

（2）临床表现及预后。发病缓慢，初期多无自觉症状，随着病情进展，可出现胸闷、轻微胸痛、咳嗽、咯痰、气短等症状。

9. 陶工尘肺

（1）接触行业。陶工尘肺发生在陶瓷工业。陶瓷工业的基本生产工序为瓷土开采、原料粉碎、配料、制坯、成型、干燥、修坯、施釉、煅烧，各工序均可产生粉尘。

（2）临床表现及预后。陶工尘肺潜伏期比较长，病情进展慢。陶工尘肺临床表现较轻，早期有轻度咯痰，无并发症的壹期甚至贰期陶工尘肺多半没有呼吸困难，只有体力劳动或爬坡时才会感到胸闷、气短。如果患者并发阻塞性肺气肿，即使仅为壹期陶工尘肺，也会感到明显的呼吸困难。晚期陶工尘肺由于肺组织广泛纤维化，肺循环阻力增加，患者不能平卧，可出现明显呼吸困难、发绀、心慌等症状。

10. 根据《尘肺病诊断标准》和《尘肺病理诊断标准》可以诊断的其他尘肺病

此项为开放性条款，主要用于除上述 12 种尘肺病以外的其他尘肺病诊断。目前，《尘肺病诊断标准》和《尘肺病理诊断标准》已被修订后的《职业性尘肺病的诊断》（GBZ 70—2015）和《职业性尘肺病的病理诊断》（GBZ 25—2014）替代，继续适用该条款。

职业病诊断的实质是接触职业病危害因素与疾病之间因果关系的确定。判定疾病和接触职业病危害因素之间的因果关系，需要可靠的职业病危害因素接触资料，职业病危害因素的毒理学资料及疾病的临床资料。所以，在运用此条款进行尘肺病诊断时，应符合尘肺病诊断的基本原则与程序。

（1）尘肺病诊断原则。根据可靠的生产性粉尘接触史，以技术质量合格的 X 射线高千伏或数字化摄影（DR）后前位胸片表现为主要依据，结合工作场所职业卫生学、尘肺流行病学调查资料和职业健康监护资料，参考临床表现和实验室检查，排除其他类似肺部疾病后，对照尘肺病诊断标准片方可诊断（后前位是指拍摄 X 线胸片时，受检者身体的后背对着 X 线机的球管）。

（2）尘肺病病理诊断原则。根据可靠的职业活动中粉尘接触史，按标准要求的规范化检查方法得出的病理检查结果为依据，参考受检者历次 X 线胸片、病历摘要、死亡志，并排除其他原因可能导致的相似病理改变，方可作出尘肺病的病理诊断。

（3）导致尘肺病的因素。强调引起尘肺病的粉尘不局限于“矿物性粉尘”或“生产性无机粉尘”，应理解为“在职业活动中长期吸入生产性粉尘并在肺内潴留而引起的以肺组织弥漫性纤维化为主的疾病”。

（4）遵循《职业病诊断通则》（GBZ/T 265—2014）原则

1）疾病认定原则。

2）职业病危害因素判定原则。

3）因果关系判定原则。

（5）鉴别诊断

1）不同病因的鉴别，肺纤维化可能会由多种病因所引起，而在职业活动中长期吸入生产性粉尘仅是其中之一。

2）许多疾病（如气管炎和支气管炎、哮喘等）的病因是不完全明确的，而接触粉尘可能是引起该疾病的病因之一。不是只要有肺纤维化就是尘肺病，包括病因、发病机理、病理等都要符合尘肺病要素。

3）尘肺病应与由于环境污染等或其他非职业性接触因素所引起的肺纤维化等相鉴别。

（6）诊断结论。职业性+具体尘肺病名称+期别，如长期接触色母粉尘被诊断为壹期尘肺，则写成：职业性其他（色母粉尘）尘肺壹期。

第三章 尘肺病预防与控制

第一节 生产性粉尘控制政策保障

党中央、国务院历来高度重视职业病防治工作，习近平总书记在全国卫生与健康大会上强调，加强安全生产工作，推进职业病危害的源头治理，并多次就职业病防治工作和维护从业人员权益作出重要指示批示。李克强总理在主持召开国务院常务会议时，专门研究部署加强职业病防治工作。各相关部门坚决贯彻落实党中央、国务院决策部署，强化协调联动，在职业病预防、救治和保障方面采取了一系列措施，全国职业病防治工作取得积极进展。我国尘肺病等职业病防治法制、体制进一步完善，出台了一系列法律法规、规章标准及相关文件，如《中华人民共和国职业病防治法》（以下简称《职业病防治法》）、《尘肺病防治条例》，以及《关于印发加强农民工尘肺病防治工作的意见的通知》《尘肺病防治攻坚行动方案》《关于做好尘肺病重点行业工伤保险有关工作的通知》等，为解决当前尘肺病防治工作中存在的重点和难点问题，遏制尘肺病高发势头，保障从业人员职业健康权益提供强有力的保障。

一、尘肺病的预防策略

尘肺病是社会公认的不可治愈的职业病，因此尘肺病防治工作的关键及重点是预防。尘肺病的病因非常明确，是因为劳动者长期吸入了生产性粉尘，只要把劳动者接触的粉尘浓度控制在职业接触限值以下，就可以消除或降低尘肺病的发生。许多国家通过研究和工作实践得出了一套行之有效的预防体系，即三级预防体系。一级预防是消除职业病危害因素，减少尘肺病的发生；二级预防是早期发现潜在的尘肺病患者，采取措施防止尘肺病的发生或进展；三级预防是对尘肺病人积极治疗，使其康复。一级预防基本上以工程技术与卫生防护技术措施为主，二、三级预防是以医疗卫生防治为主，辅以社会保障的综合措施。三者之间既有不同的专业分工，也有工作系统的连续性。所以，预防策略应该是以一级预防为根本，同时做好二级预防和三级预防。

1. 一级预防，控制尘源，防尘降尘

一是前期预防，从“源头”上控制，做好职业病防护设施“三同时”，即对于新建、扩建、改建建设项目和技术改造、技术引进项目可能产生包括粉尘在内的职业病危害的，其职业病防护设施与主体工程同时设计、同时施工、同时投入生产和使用。二是在劳动

过程中预防，实施以“八字方针”为主，对降低粉尘作业环境粉尘浓度有明确效果的综合措施。

2. 二级预防，开展健康监护和医学筛查

对从事粉尘作业的从业人员开展健康监护和定期的医学检查，早期发现、早期干预，预防或延缓疾病的发展，甚至可使高危人群不发展成尘肺病患者。

3. 三级预防，延长患者寿命，提高生活质量

对已患尘肺病的患者，积极预防并发症的发生，包括加强个体保健和适当的体育活动，增强机体抵抗力；建立良好的生活习惯，不吸烟，预防感冒和呼吸系统感染；早期发现并治疗并发症，改善临床症状。

二、预防控制生产性粉尘法律法规要求

1. 粉尘工作场所的职业卫生要求

存在粉尘危害的工作场所应达到以下 6 个方面职业卫生要求：

（1）粉尘浓度符合国家职业卫生标准，即工作场所粉尘浓度经检测不能超标，如果超标，用人单位应进行治理直至合格。

（2）有相应的粉尘防护设施，如排风除尘装置等，并且保证能正常运行。

（3）工作场所生产布局合理，符合有害与无害作业分开的原则，即产生粉尘的作业岗位要与不产生粉尘的作业岗位分开，避免粉尘影响更多从业人员。

（4）有配套的更衣间、洗浴间和孕妇休息间等卫生设施，即为从业人员解决基本的个人卫生要求。

（5）工作场所的设备、工具、用具等设施符合从业人员生理、心理健康的要求。

（6）符合法律、行政法规和国务院卫生健康主管部门关于保护劳动者健康的其他要求。

2. 劳动者在预防尘肺病中的权利和义务

（1）劳动者的权利。《职业病防治法》规定，劳动者享有下列职业卫生保护的权利：

1）获得职业卫生教育、培训。

2）获得职业健康检查，职业病诊疗、康复等职业病防治服务。

3）了解工作场所产生或者可能产生的职业病危害因素、危害后果和应当采取的职业病防护措施。

4）要求用人单位提供符合防治职业病要求的职业病防护设施和个人使用的职业病防护用品，改善工作条件。

5）对违反职业病防治法律法规以及危及生命健康的行为提出批评、检举和控告。

6）拒绝违章指挥和强令进行没有职业病防护措施的作业。

7）参与用人单位职业卫生工作的民主管理，对职业病防治工作提出意见和建议。

用人单位应当保障劳动者行使上述权利。因劳动者依法行使正当权利而降低其工资、福利等待遇或者解除、终止与其订立的劳动合同的，属于无效法律行为。

(2) 劳动者的义务。劳动者在享有职业健康保护权利的同时，也必须履行相应的义务。

1) 遵守安全卫生规章制度和操作规程的义务。劳动者应当执行劳动安全卫生规程，遵守劳动纪律和职业道德，在劳动过程中，必须严格遵守安全操作规程。这意味着在生产活动中，劳动者必须增强法纪观念，自觉遵章守纪，把遵守规章制度和落实操作规程贯穿到具体的作业活动中。

2) 服从管理的义务。为了保持良好的生产劳动秩序，保障自身与他人的安全和健康，劳动者必须服从管理人员依照规章制度和操作规程进行安全卫生管理。根据法律规定，劳动者不服从管理，违反劳动安全卫生规章制度和操作规程的，由生产经营单位给予批评教育，并依照有关规章制度给予处分，造成重大事故、构成犯罪的依法追究刑事责任。

3) 正确佩戴和使用劳动防护用品的义务。正确佩戴和使用劳动防护用品是因为不同的劳动防护用品具有特定的佩戴和使用的规则及方法，劳动者要努力掌握这些规则和方法。

4) 掌握劳动安全卫生知识与提高技能的义务。接受劳动安全卫生教育培训，掌握劳动安全卫生知识和提高技术技能，既是劳动者享有的权利，也是劳动者必须履行的一项法定义务。因此，劳动者必须自觉地接受劳动安全卫生教育培训，掌握生产活动的知识，提高技术技能。

5) 发现事故隐患和职业危害并及时报告的义务。劳动者发现事故隐患或者其他不安全因素，应当立即向现场管理人员或者本单位负责人报告，这项义务要求劳动者不仅要具备对各类事故隐患的识别能力，还必须具有强烈的责任心和大局意识。

3. 用人单位在职业卫生和职业病防治中的职责、权利和义务

《职业病防治法》详尽规定了用人单位在职业卫生和职业病防治中的职责、权利和义务，包括：

(1) 为劳动者提供健康保障，为劳动者提供符合国家职业卫生标准和卫生要求的工作场所、环境和条件。

(2) 职业卫生管理义务。

(3) 用人单位应当依法参加工伤社会保险。

(4) 用人单位应当及时、如实向卫生行政部门申报职业病危害项目，报告职业病危害事故和职业病危害检测、评价结果。

(5) 用人单位必须采用有效的职业病防护设施，并为劳动者提供个人使用的职业病防护用品。

(6) 用人单位应当定期对工作场所进行职业病危害因素检测、评价。

(7) 用人单位应当知悉其产生的职业病危害，不得隐瞒其危害，并应及时控制职业病危害事故。

(8) 用人单位对劳动者应当进行上岗前、在岗期间的职业卫生培训和教育。

(9) 用人单位应当组织从事接触职业病危害的作业的劳动者进行上岗前、在岗期间

和离岗时的职业健康检查。

（10）用人单位应当落实职业病患者待遇。

（11）对特殊劳动者的保护义务。用人单位不得安排未成年工从事接触职业病危害的作业；不得安排孕妇、哺乳期的女职工从事对本人和胎儿、婴儿有危害的作业。

（12）劳动者申请职业病诊断或鉴定时，用人单位应当如实提供职业病诊断、鉴定所需的有关职业卫生和健康监护等资料。

三、粉尘职业接触限值

健康工作场所的条件之一是粉尘浓度符合职业卫生标准的要求，当发现粉尘浓度超标时，应立即采取粉尘治理措施，只有粉尘浓度符合国家职业卫生标准才允许继续作业。粉尘职业卫生标准，是国家强制性标准。2019 年 8 月 27 日，国家卫生健康委员会发布了《工作场所有害因素职业接触限值　第 1 部分：化学有害因素》（GBZ 2. 1—2019）。该标准基于 GBZ 2. 1—2007 修订，并于 2020 年 4 月 1 日实施，其中列出了 49 种粉尘（不含纳入化学有害因素的部分粉尘）的职业接触限值，即时间加权平均容许浓度（PC-TWA），并用峰接触浓度（PE）来限定短时间接触容许浓度。粉尘职业接触限值是国家强制性卫生标准之一，是为保护从业人员身体健康，免受粉尘危害，防止尘肺病的发生，对生产环境、生产过程和劳动过程中产生的粉尘量进行限制而制定的卫生标准，也是有关部门进行卫生监督、管理和卫生学评价的法定依据。根据《职业病防治法》，用人单位应当定期对工作场所粉尘浓度进行检测、评价，并公开公布检测、评价结果。

职业接触限值指劳动者在职业活动过程中长期反复接触，绝大多数接触者的健康不引起有害作用的容许浓度水平。以常见的电焊作业为例，电焊烟尘的限值为 4 mg/m^3，当从业人员接触电焊烟尘粉尘浓度一直低于 4 mg/m^3 时，在正常工作班制（每天接触 8 h，每周工作 5 天）的情况下，即使不佩戴呼吸防护用品，绝大多数从业人员不会出现电焊工尘肺。如果作业人员长期接触浓度高于 4 mg/m^3 的电焊烟尘粉尘，就可能会出现健康问题，甚至会发展为电焊工尘肺。

粉尘职业接触限值因其类别和性质不同，其限定的数值也不一样。对人体健康危害小的粉尘，标准稍宽；对人体健康危害大的粉尘，标准较严，相应的职业接触限值也就小一点。比如，砂轮磨尘的职业接触限值为 8 mg/m^3，而矽尘中最高的职业接触限值为 0. 2 mg/m^3，因为矽尘导致的矽肺后果更为严重，因此国家采取了更严格的职业接触限值。

做个比较，看看工作场所使用的职业接触限值与我们日常接触的大气环境中的 $PM_{2.5}$ 哪个浓度更高？所谓 $PM_{2.5}$ 其实也是粉尘范畴内的一种颗粒物，它的粒径≤2. 5 μm，因为能达到肺泡区，会对人的健康造成较大影响，所以环保部门划分空气污染等级时，$PM_{2.5}$ 浓度就作为了一项重要参考指标。当空气中 $PM_{2.5}$ 浓度>0. 2 mg/m^3 时，空气质量等级为重度污染；对比之下，如果工作场所矽尘浓度能控制在职业接触限值（0. 2 mg/m^3）以下，则单纯从数值上看，合格的工作场所环境粉尘浓度要低于重度污染时大气环境中的 $PM_{2.5}$ 浓度。

严格的职业接触限值设定，为从业人员的身体健康提供了更好的保障，并不断督促用人单位革新工艺和设备或通过原材料替代，减轻或消除粉尘危害。

四、粉尘防治的行动水平

为推进职业病防治分类分级管理工作，《工作场所有害因素职业接触限值 第1部分：化学有害因素》（GBZ 2.1—2019）引入了行动水平概念，指导用人单位根据从业人员粉尘接触水平等级采取不同的控制措施。因为是以从业人员粉尘实际接触水平为主要依据，而不是某个工作场所的粉尘浓度大小，所以职业卫生标准的制定真正做到了以人为本、科学防控，有效保护从业人员健康。

从业人员粉尘实际接触水平判定是个复杂过程，受到多种因素影响，需要综合分析粉尘性质、车间防护设施、车间粉尘检测浓度、从业人员的接触时间、从业人员职业健康检查结果等。如何进行评级，需要专业机构进行指导。用人单位可以采取的措施包括车间、岗位、个人的粉尘浓度监测，粉尘作业从业人员的职业健康监护、职业卫生培训，职业病危害告知等。

目前，粉尘危害控制的行动水平，一般为粉尘职业接触限值（卫生标准）的一半。按照从业人员实际接触粉尘的水平可分为5级，与其对应的推荐的控制措施见表3-1。例如，当工作场所中接触粉尘等级为Ⅰ级时，说明粉尘对从业人员健康基本上不造成影响，用人单位进行粉尘一般性健康危害告知即可；工作场所中接触粉尘等级为Ⅲ级时，说明接触粉尘多，用人单位要进行粉尘危害告知，告诉从业人员会导致的职业病种类，生产岗位和所在车间要进行粉尘检测、为从业人员安排粉尘作业职业健康检查、开展培训并进行工作场所环境改善等控制措施。

工作过程中，用人单位不得以“每年车间粉尘检测浓度达标，数值很低，属于较低的粉尘接触等级”为理由，不安排从业人员定期职业健康检查和不发放劳动防护用品。

表3-1 职业接触水平及其分类控制

接触等级	等级描述	推荐的控制措施
0（≤1%OEL）	无接触	不需采取行动
Ⅰ（>1%，≤10%OEL）	接触极低，根据已有信息无相关效应	一般危害告知，如标签、SDS等
Ⅱ（>10%，≤50%OEL）	有接触但无明显健康效应	一般危害告知，特殊危害告知，即针对具体的危害进行告知
Ⅲ（>50%，≤OEL）	显著接触，须采取行动限制活动	一般危害告知，特殊危害告知，职业卫生监测，职业健康监护，作业管理
Ⅳ（>OEL）	超过OELs	一般危害告知，特殊危害告知，职业卫生监测，职业健康监护，作业管理，劳动防护用品和工艺控制

注：OEL指职业接触限值，相当于国家卫生标准。作业管理包括对作业方法、作业时间等制定作业标准，使其标准化；改善作业方法；对作业人员进行指导培训以及改善作业条件或工作场所环境等。

小知识 XIAOZHISHI

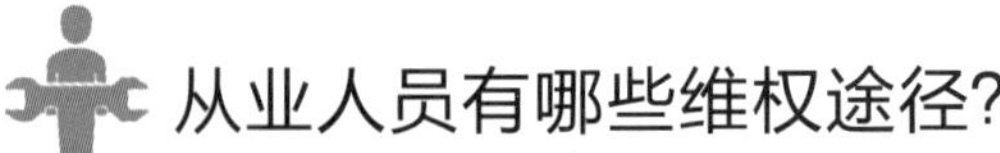

从业人员有哪些维权途径?

根据《劳动法》和《企业劳动争议处理条例》的规定，从业人员与用人单位因职业卫生和劳动保护发生争议后，首先可以与本单位行政部门进行协商，也可以向本单位劳动争议调解委员会申请调解，调解不成的，再向劳动争议仲裁委员会申请仲裁，从业人员也可以在劳动争议发生后，直接向劳动争议仲裁委员会申请仲裁，劳动争议仲裁委员会不予受理或者当事人对仲裁不服的，还可以向人民法院提起诉讼。

《职业病防治法》规定，任何单位和个人有权对违反本法的行为进行检举和控告。因此，当发现用人单位存在违反《职业病防治法》的行为时，可向当地县级以上人民政府卫生行政部门举报。

从业人员的职业健康合法权益受到侵害时，可拨打从业人员维权热线 12351 向各级工会组织反映，从业人员维权热线已在全国总工会和省（自治区、直辖市）总工会、地（市）总工会开通运行。

第二节　尘肺病的综合防控措施

尘肺病预防的关键在于最大限度防止有害粉尘的吸入，只要措施得当，尘肺病是完全可以预防的。不管是发达国家还是发展中国家，生产性粉尘的危害都十分普遍，我国政府对粉尘控制工作一直给予高度重视，在控制粉尘危害和预防尘肺病方面做了大量工作。

一、降尘、防尘的八字方针

通过多年的积累，我国尘肺病预防从业工作者总结了预防粉尘危害的降尘、防尘的八字方针，即“革、水、密、风、护、管、教、查”等综合措施，具体如下：

1. “革”是指进行生产工艺和设备的技术革新和技术改进

以低粉尘、无粉尘物料代替高粉尘物料，以不产尘设备、低产尘设备代替高产尘设备，这是减少或消除粉尘危害的根本途径，具体的措施主要体现在各行业粉尘工作场所实行生产过程的机械化、管道化、密闭化、自动化及远距离操作等。

2. “水”是指进行湿式作业

通过喷雾洒水、注水等方式防止粉尘飞扬，降低工作场所粉尘的产生和扩散，这是一种易行的、经济有效的防尘降尘办法，如湿式碾磨、湿式凿岩、喷雾洒水等。

3. “密”是指密闭尘源

对不能采取湿式作业的场所，把生产性粉尘密闭起来，采用密闭管道输送、密闭设备加工等措施防止粉尘外逸。

4. “风”是指通风除尘

通过合理通风来稀释和排出作业场所空气中粉尘的一种除尘方法。通风除尘主要有自然通风和机械排风两种方式，含尘空气必须经过除尘降尘才能排放到大气中，以免造成环境污染。在矿山企业，虽然各主要产尘工序都采用了相应的防尘、降尘措施，但仍有一部分粉尘尤其是呼吸性粉尘，悬浮在空气中难以沉降下来。针对这种情况，通风除尘是非常有效的方法。

5. “护”是指个人防护

即注重个人卫生和佩戴个人防护用品。对于采取一定措施仍不能将粉尘浓度降至国家卫生标准以下，或防尘设施出现故障等情况的工作场所，接尘从业人员佩戴防尘口罩仍不失为一个较好的解决办法。

6. “管”是指加强用人单位防尘管理

要认真贯彻实施《职业病防治法》《安全生产法》等法律法规，建立健全防尘的规章制度，定期检测工作场所空气中粉尘浓度。用人单位负责人，应对本单位尘肺病防治工作负有直接的责任。用人单位的防尘管理不仅要使本单位工作场所粉尘浓度达到国家卫生标准，而且要建立健全粉尘监测、安全检查、定期健康监护制度，更要加强尘肺病患者的治疗、康复和关怀救助。

7. “教”是指宣传教育

随着社会进步和新媒体不断发展，健康促进和宣传教育手段要与时俱进，通过传统手段（培训、宣传栏）和新媒体（即时通信平台、移动客户端）等相结合的方法，既能够提高用人单位负责人主体责任意识，采取防尘、降尘措施，保护从业人员健康，又让大家认识到粉尘对健康的危害，让从业人员有自我保护意识，提高防尘的自觉性。

8. “查”是指定期检查监测

要对接触粉尘的从业人员进行上岗前、在岗期间、离岗时职业健康检查以及离岗后健康检查和应急健康检查。用人单位还要定期检测生产环境中粉尘的浓度，开展从业人员粉尘接触水平评估；政府要加强执法监督的力度，督促用人单位采取防尘措施，改善劳动条件。

二、技术控制措施

用人单位根据粉尘产生的特点，通过技术措施消除或降低粉尘浓度，是消除粉尘危害和预防尘肺病最根本的措施。

1. 改革工艺过程，革新生产设备

做到生产机械化、密闭化、自动化，引入人工智能，采用遥控操纵、计算机控制、

隔离监控等措施，避免从业人员接触粉尘是消除粉尘危害的主要途径。尽可能使用石英含量低的原材料代替石英原料，用人造石棉代替天然石棉或限制石棉使用等。

2. 湿式作业

根据生产工艺和粉尘性质可采取湿式作业的，应采取湿法抑尘，如采用湿式碾磨石英或耐火材料、矿山湿式凿岩、井下运输喷雾洒水、煤尘高压注水、建筑爆破湿法风钻等，可在很大程度上防止粉尘飞扬，降低环境粉尘浓度。

3. 密闭、通风除尘

为防止物料“跑、冒、滴、漏”，其设备和管道应采取有效的密闭措施。对于有粉尘逸散的生产过程，应对产生粉尘的设备采取密闭措施，并与局部通风除尘结合，防止粉尘外逸。对移动的扬尘、产生粉尘的作业，应与主体工程同时设计移动式轻便除尘设备。总而言之，除尘方法很多，用人单位既可使用除尘器除尘，也可采用通风和负压吸尘等经济而简单实用的方法来降低作业场地的粉尘浓度。

三、职业卫生培训

职业卫生培训在控制职业病危害中有重要的作用。《职业病防治法》规定，用人单位应当对从业人员进行上岗前的职业卫生培训和在岗期间的定期职业卫生培训。培训内容包括组织从业人员学习职业病防治法律、法规、规章和安全操作规程，了解岗位职业病危害，指导从业人员正确使用职业卫生防护设备和个人职业病防护用品。通过岗前职业卫生培训，可以使从业人员增强自我保护意识，掌握相关职业卫生知识，督促从业人员遵守职业病防治法律、法规、规章和安全操作规程，充分了解生产环境中存在的职业病危害及防护方法。

四、个人防尘措施

个人防护是防止粉尘进入呼吸系统的最后一道防线，也是技术防尘措施的必要补救。目前，常规防尘措施对粉尘飞扬起到了决定性作用，但对微细粉尘的沉降效果不理想。粉尘分散度高，如果降尘设备维护保养不及时或使用条件经常改变等，均会使粉尘浓度超标。若生产者长期在超标或浓度较高的粉尘环境中工作，最终可能导致尘肺病的发生。

当工作场所防尘、降尘难以使粉尘浓度降至国家卫生标准所要求的水平时，就必须使用个人防护用品。劳动防护用品一般包括防尘口罩等呼吸防护用品、防尘眼镜、防尘安全帽、防尘衣、防尘鞋等。使用劳动防护用品虽然是一项辅助的防尘措施，但却可以起到一定的保护作用，坚持佩戴合格的呼吸防护用品可远离尘肺病。除佩戴劳动防护用品外，粉尘从业人员还要注意个人卫生，做到工作场所不吸烟、下班后洗澡换衣、工作服勤换洗、工作服不得穿回家（特别是石棉作业人员）。另外，从业人员要加强锻炼、注重营养，增强个人体质。

1. 防尘劳动防护用品分类

粉尘主要通过呼吸道进入人体，如何做好呼吸防护是预防尘肺病的关键。以下重点介绍目前我国普遍使用的防尘劳动防护用品。

（1）过滤式呼吸器。目前，我国工业生产过程中使用最多最广的是过滤式呼吸器。过滤式呼吸器主要通过净化部件（滤尘棉、滤尘盒、滤尘罐等）过滤掉作业环境空气中的粉尘来保护从业人员健康。过滤式呼吸器主要由过滤元件和面罩两部分组成。这类防护用品只能在不缺氧的劳动环境（环境空气中氧的含量不低于 19.5%）和低浓度毒物污染环境下使用，主要包括自吸过滤式和送风过滤式两类。

1）自吸过滤式呼吸器。此类呼吸器是靠佩戴者的呼吸力量克服部件阻力的过滤式呼吸器。目前，国内使用最广泛、最常用的有两大类，一类为不带呼气阀的简易型口罩，其特点是结构简单，大部分不设呼吸阀，依靠夹具、支架或直接将滤料做成口鼻罩；另一类为带呼吸阀的复式防尘面罩，主要由头带、过滤元件和密合型面罩 3 部分构成，过滤元件内装有吸气阀和呼气活瓣，滤料装在滤料盒内，滤料污损后可直接更换新滤料。其阻尘效率高、呼吸阻力小、呼气阀气密性好，以防止含尘空气经呼吸阀吸入。另外，还需佩戴方便、易清洗，与面部接触无压痛和刺激作用，部件和滤料无毒、无异味等。自吸过滤式呼吸器按面罩形状分为半面罩（罩住口、鼻，或口、鼻和下颌）和全面罩（罩住眼、鼻和口），简易型口罩属于半面罩；按过滤元件是否可更换分为随弃式（简易型口罩）和可更换式（复式防尘口罩）。

2）送风过滤式呼吸器。此类呼吸器是靠动力（如电动风机或手动风机）克服部件阻力的过滤式呼吸器。有开放型面罩（罩住眼、鼻、口）和送风头罩或送风头盔（罩住头、眼、鼻、口直至颈部，也可罩住部分肩部或与防护服联用），用于浓度较高的粉尘环境，防尘能力要比自吸过滤式呼吸器高。但由于该类呼吸器在结构、体积、质量、噪声控制、防爆、维护保养、价格等方面不具备优势，在日常生产过程中应用较少，多用于焊接、炉窑等操作岗位。

（2）隔绝式呼吸器。此类呼吸器可使从业人员与有害空气隔绝，靠本身携带的气瓶或导气管引入作业环境外的洁净空气以供呼吸，分为供气式（使用长管供气）和携气式（使用气瓶供气）两类，主要用于缺氧或存在立即威胁生命和健康粉尘浓度（IDLH）的环境。

2. 防尘呼吸用品介绍

防尘口罩关键在滤棉，其过滤元件主要为各种过滤材质的滤棉。滤棉主要用于防颗粒物，《呼吸防护　自吸过滤式防颗粒物呼吸器》（GB 2626—2019）中将防颗粒物（粉尘、烟、雾和微生物）过滤元件根据过滤性能分为 KN 与 KP 两类，KN 类只适用于过滤非油性颗粒物，它适合各类粉尘，如煤尘、水泥尘、石棉尘、面粉尘以及金属烟、酸雾、油漆雾等；KP 类同时适用于过滤油性与非油性颗粒物，除油性颗粒物外，还适用于油烟、油雾、沥青烟、焦炉烟、柴油机尾气等。这两类滤棉均有 3 个过滤等级，即 90（全面罩无此等级）、95、100，其过滤效率分别为≥90.0%、≥95.0%、≥99.97%，对应的标识为 KN90/KN95/KN100 和 KP90/KP95/KP100。如果某个口罩或滤棉上标识有“GB 2626—2019 KP100”，表示该口罩或滤棉能 100%过滤油性与非油性颗粒物。

目前，国内使用较多的防尘口罩认证主要有三大类：中国标准（GB 2626）认证、美国 NIOSH（国家职业安全卫生研究所）认证、欧洲标准（EN）认证。简单来说，KN/KP 系列（90/95/100）是中国标准、N/R/P 系列（90/95/100）是美国标准、FFP 系列（1/2/3）是欧洲标准，数字越大防护等级越高。

3. 防尘口罩的选用原则

应根据生产特点的不同来选择不同性能的防尘口罩。目前常用的防尘口罩有多种，选择防尘口罩的标准是：滤尘效果好、呼吸阻力小、工作较长时间佩戴不会感到憋气。如果达到这几点，说明效果比较理想。具体来说选择防尘口罩要考虑以下几点：

（1）口罩的阻尘效率。一个口罩阻尘效率的高低是以其对微细粉尘，尤其是以粒径 5 μm 以下的呼吸性粉尘的阻隔效率为标准。因为这一粒径的粉尘能直接进入肺泡，对人体健康造成的影响最大。粒径在 1 μm 以下的细尘粒，必须选用超细纤维滤料的防尘口罩；粒径为 3 μm 以上的尘粒，可选用针织滤料的防尘口罩；介于此两者之间的尘粒，可选用以阻尘率较高的尼龙毡、无纺布等为滤料的防尘口罩。

（2）口罩的适合性。没有一个万能的设计能适合所有人的脸型。目前，防尘口罩的认证检测并不保证口罩适合每个具体的使用者，如果存在泄漏，空气中的粉尘就会从泄漏处进入呼吸道。选择适合的口罩方法是使用适合性检验，它利用人的味觉，用专用工具发出苦味或甜味的颗粒物，如果戴口罩的试验者闻到了苦味或甜味，说明口罩存在泄漏，具体请参考《呼吸防护用品的选择、使用与维护》（GB/T 18664—2002）中有关适合性检验的介绍。另外，根据此标准的规定，防护口罩的“指定防护因数”为 10，是指当正确使用适合自己脸型的防护口罩时，防护口罩预期可以将粉尘浓度降低 10 倍。如果危害水平过高，或认为 10 倍防护水平不足时，就需要使用防颗粒物的全面罩呼吸器（指定防护因数为 100）。

（3）作业条件和粉尘性质。在有粉尘和毒气或烟雾的生产场地进行操作时，应戴防毒口罩。在设备检修、大件喷砂除锈以及某些特定的局部通风不良环境下（如船舱、车厢、容器和地下室）进行粉尘作业时，可以采用送风式防尘头盔。如果作业环境含氧量不足 19. 5%时，应选用隔绝式呼吸防护用品，不能选用过滤式防尘用品。淋水、湿式作业环境，则选用有防水装置的防尘用品。

通常情况下，过滤效率 90 等级可用于各类低毒性的粉尘防护；过滤效率 95 等级适用于烟、高毒性粉尘以及病原微生物；过滤效率 100 级别适合毒性更高、危害更大的颗粒物，如放射性尘埃、致癌物等。如，一般粉尘（如煤尘、水泥尘、木粉尘、云母尘、滑石尘等其他粉尘）可用 KN90 等级；石棉尘须用 KN95 等级及以上的可更换式半面罩或全面罩；矽尘、金属粉尘（如铅尘、镉尘）、砷尘、烟（焊接烟、铸造烟）可用 KN95 等级；放射性粉尘（如铀尘、钍尘等）须用 KN100 等级；致癌性油性颗粒物（如焦炉烟、沥青烟）可用 KP95 及以上等级。

（4）口罩佩戴的舒适性。口罩要求呼吸阻力小，口罩容尘量大，质量轻，头带不易松垮，口罩不易塌陷，鼻夹或头带固定牢固，对皮肤没有刺激性，佩戴卫生，保养方便。比如在粉尘浓度高、分散度大、劳动强度大的工作场所，应配备阻尘率高、阻力小的防尘用品或送风式口罩，提高舒适度。

4. 防尘口罩使用管理

（1）用人单位要提供符合国家相关标准或行业标准的防尘口罩。根据《用人单位劳动防护用品管理规范》（安监总厅安健〔2015〕124号）规定，用人单位应当为从业人员提供符合国家标准或者行业标准的劳动防护用品。使用进口的劳动防护用品，其防护性能不得低于我国相关标准。

目前，用人单位采购的防尘口罩（面罩）要符合中国标准或相同标准的如美国NIOSH认证，欧洲EN标准、澳洲AS标准、日本MOL标准等国家及地区组织认证的产品。用人单位采购前要注意生产厂家是否具有“工业产品生产许可证”、防护用品是否有“产品合格证”，生产厂家的劳动防护用品是否取得了特种劳动防护用品安全标志（LA）。用人单位和从业人员都可以在国家市场监督管理总局官网查询“工业产品生产许可证”的真伪。目前，劳动防护用品是否必须具备LA，国家没有强制要求。

（2）从业人员要履行的个人防护责任和义务

1）要了解工作场所粉尘种类及危害程度。从业人员可以通过劳动合同危害告知、用人单位组织的职业病防治培训、车间职业病危害警示标识和告知卡、生产车间公告栏（法律要求用人单位公布车间检测结果）等途径了解自己所在岗位的粉尘种类、检测浓度、危害后果及应急措施，做到心里有数。

2）接受劳动防护用品的相关知识培训。积极参加用人单位组织的劳动防护用品知识培训，掌握好劳动防护用品使用步骤和注意事项，学会劳动防护用品佩戴方法。

3）正确佩戴和使用劳动防护用品。保证劳动防护用品不在缺氧环境或有毒气体环境中单独使用，要根据具体作业环境选择组合防护用品。比如，进入粉尘、有毒气体、噪声同时存在的工作场所，可以考虑佩戴防毒防尘滤盒组合的半面罩外加护耳器。佩戴前检查防尘口罩是否在有效期、是否完整、是否有破损，滤棉是否适用；要按照使用说明书佩戴，并进行气密性检查，以确定使用人面部与面罩间有良好的密合性，若检查不合格，不允许进入粉尘作业场所。

气密性检查方法主要有两种：一种是负压气密性检查。对于简易型口罩，使用者用双手或用一个不透气的材料（如塑料袋）盖住面罩，然后用力吸气，如果密合良好，面罩将会向内略微塌陷；若感觉气体从密封垫或鼻夹处漏入，需重新调整面罩的头带松紧和鼻夹形状等，直至没有泄漏为止。对于橡胶面罩，使用者用手堵住滤棉的进气口（可用拇指抵住滤棉的中心位置），或将气管弯折阻断气流，缓慢吸气，面罩会向内微微塌陷，屏住呼吸数秒，面罩应继续保持塌陷状态，否则应调整面罩位置和头带松紧等，直至没有泄漏感。另一种是正压气密性检查。对于简易型口罩，使用者用双手或用一个不透气的材料（如塑料袋）盖住面罩，然后用力呼气，如果密合不好，会感觉气流从泄漏处吹出，需重新调整直至没有泄漏为止。对于橡胶面罩，使用者用手盖住呼气阀并向外慢慢呼气，面罩应向外轻轻隆起；若面部与面罩间有气体泄漏，需重新调整。如果有的呼吸阀的设计不方便检查，可以不用经常检查。

4）坚持全程佩戴防尘口罩。在生产过程中，只要进入超标或高浓度粉尘作业环境，从业人员必须保证全程佩戴防尘口罩；对于接触危害大、能致癌的粉尘，无论浓度高低，从业人员均要坚持全程佩戴防尘口罩。

5）做好防尘口罩的保养和维护

①储存保管。使用者应仔细阅读产品使用说明，了解相关要求。未使用过的口罩建议放在原包装内保存；使用过的口罩如需保存，建议放在清洁、干燥、无油污、无阳光直射和无腐蚀性气体的地方；如果不经常使用，可以放在透气的袋里保存，存放时避免口罩内部（贴脸一侧）受污染。另外要防止口罩被挤压变形，发现口罩的失效迹象须及时更换。

②更换时间。口罩的使用寿命取决于接尘环境粉尘浓度、使用方法、使用时间、防尘口罩的容尘量和维护保养情况等，所以没有办法统一规定具体的更换时间。一般来说，工业用的防尘口罩通常可以重复使用，但在任何情况下，当口罩变脏、口罩部件损毁或感觉呼吸阻力明显变大时，使用者应及时更换口罩；使用电动送风过滤式防尘呼吸用品的人员确认电池电量正常而送风量低于生产者规定的最低限值时，或使用手动送风过滤式防尘呼吸防护用品的人员感觉送风阻力明显增加时也应及时更换防尘呼吸用品。如果使用简易型口罩，且需要 8 h 以上长时间佩戴，建议从业人员每天更换。

③清洗与消毒。个人专用的防尘口罩应定期清洗和消毒，非个人专用的每次使用完后都应清洗和消毒，简易型口罩不能水洗。对可更换滤棉的防尘口罩，清洗前要将滤棉取下，不允许清洗滤棉。常规消毒、灭菌方法通常都会损坏防护口罩。清洗口罩时，应按照使用说明书要求拆卸有关部件，使用软毛刷在温水中清洗，或在温水中加入适量中性洗涤剂，清水冲洗干净后在清洁场所避日风干。

6）及时提出个人防护需求。遇到防尘口罩需要修理或破损或阻力明显增加时，要及时向用人单位管理人员提出修理和更换要求，如果用人单位拒绝提供，从业人员可以向卫生行政部门进行举报。

五、职业健康检查

对从事接触粉尘作业从业人员的职业健康检查主要以预防尘肺病等呼吸系统职业病为目的。根据从业人员的粉尘接触情况、从业人员历年职业健康检查资料以及观察从业人员健康状况变化，综合分析出粉尘对从业人员健康影响，并及时地将分析结果报告给用人单位和从业人员本人，以便及时采取调离粉尘作业岗位、早期诊断、早期治疗等干预措施，保护从业人员健康。

粉尘作业从业人员职业健康检查主要包括粉尘从业人员上岗前、在岗期间、离岗时职业健康检查，以及离岗后健康检查等内容。

上岗前职业健康检查的对象是新上岗和转岗到粉尘作业的从业人员，主要是为了发现有无粉尘作业的职业禁忌证，以此建立从业人员职业健康监护档案中基础健康资料。

在岗期间职业健康检查主要针对长期从事粉尘作业的从业人员，目的是早期发现职业病患者或疑似职业病患者或从业人员其他健康异常改变，及时发现有职业禁忌证的从业人员，并且通过对从业人员健康的动态观察，可以间接评价工作场所粉尘控制效果。

离岗时职业健康检查主要针对调离或脱离粉尘作业或岗位的从业人员，主要目的是确定停止粉尘接触时的健康状况，以作为从业人员职业健康监护档案和避免职业病纠纷的重要依据。离岗时职业健康检查没有异常只能说明当时的身体状况正常。

离岗后健康检查主要为了检查粉尘危害的慢性健康影响。一些从业人员虽然离岗或转岗时的体检未发现肺部异常，但随着病情进展，会逐渐出现症状，然后被确诊为尘肺病。

1. 粉尘从业人员职业健康检查周期

通过职业健康检查，可以尽早确诊尘肺病，将患者及时调离粉尘作业，延缓病情的发展。根据《职业病防治法》的规定，从业人员上岗前、在岗期间、离岗时都要进行职业健康检查。《用人单位职业健康监护监督管理办法》（国家安全生产监督管理总局令第49号）和《职业健康监护技术规范》（GBZ 188—2014）也对各种职业健康检查做了明确规定。上岗前的职业健康检查应在开始从事接尘作业前完成；在岗期间应进行定期的职业健康检查，检查周期根据粉尘种类、浓度等因素决定；从业人员在准备调离或脱离接尘的作业或岗位前，应进行离岗时职业健康检查。

（1）接触无机粉尘作业

1）上岗前。筛查职业禁忌证：①活动性肺结核病；②慢性阻塞性肺病；③慢性间质性肺病；④伴肺功能损害的疾病。

2）在岗期间。筛查尘肺病及上述职业禁忌证。根据接触粉尘类别、工作场所生产性粉尘的作业分级、职业健康检查的胸片表现以及尘肺病病种的不同，判定接尘从业人员的职业健康检查周期，见表 3-2。

3）离岗时。筛查尘肺病。

4）离岗后（推荐性的）。筛查尘肺病。根据从业人员接触粉尘的性质、接尘工龄长短、工作场所生产性粉尘浓度不同，判定从业人员随访年限和随访周期。

表 3-2　无机粉尘在岗期间职业健康检查周期

分类	粉尘作业分级要求	观察对象要求	尘肺病患者要求
游离二氧化硅粉尘［结晶型二氧化硅粉尘，又称矽尘（游离二氧化硅含量≥10%的无机性粉尘）］	生产性粉尘作业分级Ⅰ级，2年1次；生产性粉尘作业分级Ⅱ级及以上，1年1次	X线胸片表现为观察对象健康检查每年1次，连续观察5年，若5年内不能确诊为矽肺患者，按粉尘作业分级要求执行	矽肺患者原则上每年检查1次，或根据病情随时检查
煤尘	生产性粉尘作业分级Ⅰ级，3年1次；生产性粉尘作业分级Ⅱ级及以上，2年1次	X线胸片表现为观察对象健康检查每年1次，连续观察5年，若5年内不能确诊为煤工尘肺患者，按粉尘作业分级要求执行	煤工尘肺患者每1~2年检查1次，或根据病情随时检查

续表

分类	粉尘作业分级要求	观察对象要求	尘肺病患者要求
石棉粉尘（包括蛇纹石棉和角闪石棉，蛇纹石棉主要是温石棉；角闪石棉又分为直闪石棉、青石棉、透闪石棉、阳起石棉、铁石棉）	生产性粉尘作业分级Ⅰ级，2 年 1 次；生产性粉尘作业分级Ⅱ级及以上，1 年 1 次	X 线胸片表现为观察对象健康检查每年 1 次，连续观察 5 年，若 5 年内不能确诊为石棉肺患者，按粉尘作业分级要求执行	石棉肺患者每年检查 1 次，或根据病情随时检查
其他致尘肺病的无机粉尘［系指炭黑粉尘、石墨粉尘、滑石粉尘、云母粉尘、水泥粉尘、铸造粉尘、陶瓷粉尘、铝尘（铝、铝矾土、氧化铝）、电焊烟尘等粉尘］	生产性粉尘作业分级Ⅰ级，4 年 1 次；生产性粉尘作业分级Ⅱ级及以上，2~3 年 1 次	X 线胸片表现为观察对象健康检查每年 1 次，连续观察 5 年，若 5 年内不能确诊为尘肺患者，按粉尘作业分级要求执行	尘肺患者每 1~2 年进行 1 次医学检查，或根据病情随时检查

（2）接触有机粉尘作业

1）上岗前。筛查职业禁忌证。①棉尘：a）活动性肺结核病；b）慢性阻塞性肺病；c）伴肺功能损害的疾病。②有机粉尘：a）致喘物过敏和支气管哮喘；b）慢性阻塞性肺病；c）慢性间质性肺病；d）伴肺功能损害的心血管系统疾病。

2）在岗期间。筛查职业病。①棉尘：棉尘病。②有机粉尘：a）职业性哮喘；b）职业性急性变应性肺泡炎。根据接触粉尘类别、工作场所生产性粉尘的作业分级以及前次诊断结果，判定粉尘从业人员的职业健康检查周期，见表 3-3。

3）离岗时。筛查职业病。①棉尘：棉尘病。②有机粉尘：a）职业性哮喘；b）职业性急性变应性肺泡炎。

表 3-3　有机粉尘在岗期间职业健康检查周期

分类	开始工作要求	粉尘分级要求	特殊情况要求
棉尘、麻尘	劳动者在开始工作的第 6~12 个月之间应进行 1 次健康检查	生产性粉尘作业分级Ⅰ级，4~5 年 1 次；生产性粉尘作业分级Ⅱ级及以上，2~3 年 1 次	棉尘病观察对象医学观察时间为半年，观察期满仍不能诊断为棉尘病者，按粉尘作业分级要求执行

续表

分类	开始工作要求	粉尘分级要求	特殊情况要求
有机粉尘［如动物性粉尘（动物蛋白、皮毛、排泄物）、植物性粉尘（燕麦、谷物、木材、纸浆、大豆、咖啡、烟草粉尘等）、生物因素（如霉菌属类、霉菌孢子、嗜热放线杆菌、枯草杆菌、芽孢杆菌等）以及具有半抗原性质的化学物质等形成的气溶胶］	劳动者在开始工作的前两年，每半年体检 1 次，2 年后改为每年 1 次	生产性粉尘作业分级Ⅰ级，2～3 年 1 次；生产性粉尘作业分级Ⅱ级及以上，1 年 1 次	在岗期间劳动者新发生过敏性鼻炎，每 3 个月体检 1 次，连续观察 1 年，1 年后改为每年 1 次

2. 粉尘从业人员职业健康检查项目

（1）接触无机粉尘作业

1）上岗前。内科常规检查（重点检查呼吸系统、心血管系统）、血常规、尿常规、肝功能、心电图、后前位高千伏 X 线胸片或数字化摄影（DR）胸片、肺功能。

2）在岗期间。内科常规检查（重点检查呼吸系统和心血管系统）、心电图、后前位高千伏 X 线胸片或数字化摄影（DR）胸片、肺功能。

3）离岗时。内科常规检查、心电图、后前位高千伏 X 线胸片或数字化摄影（DR）胸片、肺功能。

（2）接触有机粉尘作业

1）上岗前。内科常规检查（重点检查呼吸系统）、鼻科常规检查、血常规、尿常规、肝功能、心电图、血嗜酸细胞计数、后前位 X 射线高千伏胸片或数字化摄影（DR）胸片、肺功能。

2）在岗期间。内科常规检查、心电图、后前位 X 射线高千伏胸片或数字化摄影（DR）胸片、肺功能。

3）离岗时。内科常规检查、心电图、后前位 X 射线高千伏胸片或数字化摄影（DR）胸片、肺功能。

3. 粉尘作业的职业禁忌证

（1）无机粉尘作业职业禁忌证

1）活动性肺结核病。

2）慢性阻塞性肺病。

3）慢性间质性肺病。

4）伴肺功能损害的疾病。

（2）有机粉尘作业职业禁忌证

1）棉尘。①活动性肺结核病；②慢性阻塞性肺病；③伴肺功能损害的疾病。

2）有机粉尘。①致喘物过敏和支气管哮喘；②慢性阻塞性肺病；③慢性间质性肺病；④伴肺功能损害的心血管系统疾病。

4. 粉尘职业健康检查过程中常见问题

（1）需要进行粉尘职业健康检查的人员。原则上只要进入粉尘作业环境，不管是直接接触粉尘的从业人员还是间接接触粉尘的从业人员（如巡视员、车间管理员等），即使接触粉尘机会较少、时间较短，也建议纳入职业健康检查范围。另外，用人单位使用的劳务派遣工、实习生、流动农民工，只要接触粉尘，这些人员都有职业健康检查的权利。

（2）可以开展粉尘职业健康检查的机构。职业健康检查有别于一般的普通健康检查，职业健康检查是法律强制规定的，医疗机构如果要开展粉尘作业职业健康检查，需要满足一定条件。《职业健康检查管理办法》（国家卫生健康委员会令第2号）规定，开展粉尘作业体检的职业健康检查机构需要具备两个基本条件，一是取得医疗机构执业许可证；二是在当地卫生健康主管部门进行了职业健康检查备案，且备案信息中职业健康检查要包括接触粉尘类。一般省级卫生健康主管部门网站上可查询备案的医疗卫生机构名单、地址、检查类别和项目等相关信息。

（3）劳动者是否可以自行委托职业健康检查机构进行职业健康检查。粉尘作业职业健康检查一般由用人单位出面委托职业健康检查机构进行，用人单位需要如实提供本单位基本情况、工作场所职业病危害因素种类及其接触人员名册和岗位（工种）、接触时间、职业病危害因素定期检测与评价结果等资料。另外，从业人员也可以持单位介绍信进行职业健康检查。单位介绍信上应明确职业健康检查者身份证信息、职业健康检查种类、危害类别，如王某某，身份证号，拟从事粉尘（如电焊烟尘）作业，进行上岗前职业健康检查等。

（4）粉尘从业人员职业健康检查的种类。从业人员在上岗前、在岗期间、离岗时都应进行职业健康检查。

1）上岗前职业健康检查。应在从事或转岗接尘作业前完成，如果检查发现从业人员有粉尘作业的职业禁忌证则不能上岗。用人单位不得安排未经上岗前职业健康检查的从业人员从事接触有粉尘危害的作业，不得安排有粉尘作业职业禁忌证的从业人员从事粉尘作业。

2）在岗期间职业健康检查。即定期体检，应根据粉尘种类、浓度等因素决定职业健康检查周期。

3）离岗时职业健康检查。应在离岗前30日内进行，如果从业人员在离岗前90日内已进行过在岗期间的职业健康检查，可视同为离岗时职业健康检查。如果从业人员没有做离岗前职业健康检查，用人单位不得解除或者终止与其订立的劳动合同。

（5）不宜从事粉尘作业的从业人员。有粉尘作业职业禁忌证的从业人员不能从事粉尘作业，因为接触粉尘可能加重这些基础疾病或者更易患尘肺病。如果从业人员在上岗前或在岗期间职业健康检查发现患有活动性肺结核、慢性阻塞性肺病、慢性间质性肺病、伴肺功能损害的疾病其中的1种及以上就不能从事接触如矽尘、煤尘、石棉尘，以及其他

致尘肺病的无机性粉尘作业岗位。另外，如果从业人员除患有上述疾病外还患有致哮喘过敏和支气管哮喘疾病史，则不宜从事含有如动物皮毛、谷物尘、木尘、烟草尘、霉菌孢子和枯草杆菌等气溶胶的有机性粉尘，否则可能会导致职业性哮喘或职业性过敏性肺炎。

（6）负责通知从业人员职业健康检查结果的单位。按照《职业健康检查管理办法》的规定，职业健康检查机构自职业健康检查结束之日起 30 个工作日内会出具职业健康检查报告，用人单位在收到职业健康检查机构的职业健康检查报告后，应将从业人员的职业健康检查结果及职业健康检查机构的建议通知其本人。从业人员收到职业健康检查结果后要确认签字。如果有从业人员怀疑自己的职业健康检查结果，或质疑单位有意隐瞒职业健康检查结果时，一方面可以询问本单位职业健康管理人员，或向提供职业健康检查的机构查证；另一方面，在有确凿证据的情况下，可以向主管职业健康检查机构的卫生健康主管部门投诉。

（7）职业健康检查结果显示异常。如果职业健康检查结果显示有粉尘作业职业禁忌证，用人单位应当按规定将从业人员调离或者暂时脱离粉尘作业岗位，而不是解雇或辞退；对健康损害可能与粉尘危害相关的从业人员，应当调离原工作岗位，进行妥善安置。对需要复查的从业人员，应按照职业健康检查机构的要求进行复查和医学观察；对疑似职业病患者，应按照职业健康检查机构的建议进行医学观察或者职业病诊断。在疑似职业病患者诊断或者医学观察期间，不得解除或者终止与其订立的劳动合同。

（8）从业人员职业健康检查费用的承担者。根据《职业病防治法》的规定，上岗前、在岗期间、离岗时的职业健康检查费用均由用人单位承担。另外，职业健康检查中显示异常的处理，如复查费用，医学观察费用，疑似职业病患者在诊断、医学观察期间的费用，均由用人单位承担。

（9）从业人员怀疑自己得了尘肺病怎么办。长时间接触粉尘的从业人员如果出现气短、咳嗽、咯痰、胸痛、乏力等症状，怀疑自己得了尘肺病，一是可以咨询当地的职业病防治机构，二是可以去职业健康检查机构做初步筛查，三是可以向用人单位所在地、本人户籍所在地或者经常居住地依法承担职业病诊断的医疗卫生机构申请职业病诊断。具体见本书第四章内容。

六、职业健康监护档案

从业人员的职业健康监护档案是观察从业人员健康状况、实施职业健康管理的重要依据之一，它能系统观察从业人员历年健康状况变化，早期发现粉尘对个人健康影响，以便早期诊断、早期治疗，延缓病情进展，保护从业人员健康。《职业病防治法》规定，用人单位应当为从业人员建立职业健康监护档案，并按照规定的期限妥善保存。

1. 从业人员职业健康监护档案的内容和保管要求

从业人员职业健康监护档案的主要内容包括从业人员基本情况、职业史、既往疾病史和职业病危害接触史，职业健康检查结果及处理情况，职业病诊疗等健康资料三方面内容。根据《职业病防治法》规定，用人单位应当为从业人员建立职业健康监护档案，并按照规定的期限妥善保存。同时，用人单位要确保医学资料的保密和尊重个人健康资料的隐私权。

2. 从业人员获取职业健康监护档案信息途径

从业人员或从业人员的委托代理人有权查阅从业人员个人的职业健康监护档案，用人单位不得拒绝或者提供虚假档案材料。根据《职业病防治法》的规定，从业人员离开用人单位时，有权索取本人职业健康监护档案复印件，用人单位应当如实、无偿提供，并在所提供的复印件上签章。

在实际工作中，往往会遇到用人单位以各种理由拒绝提供从业人员职业健康监护档案的情况，尤其是牵涉到职业健康检查和职业病诊断纠纷的时候，这就需要从业人员具备维权意识。从业人员可以通过与用人单位沟通、向卫生健康主管部门投诉、进行法律诉讼等多种途径获得自己的职业健康监护档案复印件。

如果遇到用人单位确实存在职业健康监护档案丢失的情况，如历年职业健康检查报告丢失，可以请用人单位向职业健康检查机构申请协助提供职业健康监护档案；如果用人单位不配合或者因从业人员的用人单位解散、破产，无用人单位提供的，从业人员也可以自己向职业健康检查机构申请获取自己的职业健康监护档案。按规定，职业健康检查机构应当建立职业健康监护档案，且保存时间应当自从业人员最后一次职业健康检查结束之日起 15 年及以上。

小知识 XIAOZHISHI

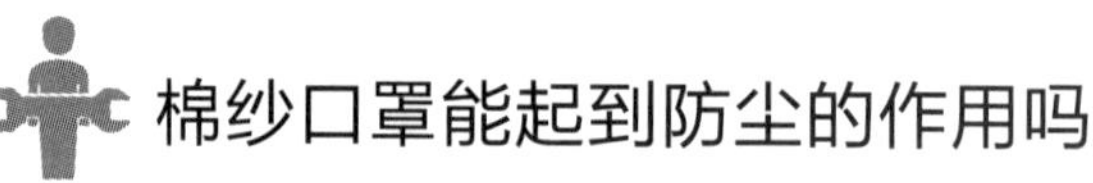

棉纱口罩能起到防尘的作用吗?

一般的棉纱口罩只能挡住部分粉尘，其阻尘原理是机械式过滤，也就是当粉尘冲撞到纱布时，经过一层层的阻隔，一些大颗粒粉尘被阻隔在纱布中。但是，对一些微细粉尘，尤其是粒径<5 μm 的粉尘，会从纱布的网眼中穿过去，进入呼吸系统，而且粒径<5 μm 的粉尘能直接进入肺泡，对人体健康造成的影响最大，无论戴几层也不会增强防护效果。因此，棉纱口罩无法起到防尘作用。

第四章　尘肺病的诊断与鉴定

第一节　尘肺病诊断

尘肺病是国家颁布的《职业病分类和目录》所列的一类法定职业病。尘肺病的诊断不仅仅是临床疾病诊断，还具有很强的政策性和专业性，直接关系到从业人员的健康和国家职业健康政策的贯彻执行，应按照职业病诊断原则和法定程序进行。

职业病诊断应遵循《职业病危害因素分类目录》和《职业病分类和目录》规定的职业病危害因素名称和职业病名单，依照《职业病诊断与鉴定管理办法》（国家卫生健康委令〔2021〕第6号）对从业人员所患疾病与职业病危害因素有无因果关系作出判定。不在上述目录中的疾病，不能诊断为职业病，也不能享受有关的职业病待遇。

一、尘肺病诊断的条件

1. 尘肺病诊断的基本条件

尘肺病的诊断需要满足以下4个条件，缺一不可：

（1）患病主体是企业、事业单位或个体经济组织的从业人员，从业人员受雇于合法的用人单位、有劳动关系证明。

（2）必须是在从事职业活动的过程中产生的。

（3）必须是因接触生产性粉尘引起的。

（4）必须是国家公布的《职业病分类和目录》中所列的13种尘肺病之一。

2. 尘肺病诊断的原则

尘肺病作为一种法定职业病，其诊断应按照以下原则进行：

（1）根据可靠的生产性粉尘接触史，以技术质量合格的后前位高千伏X线胸片或数字化摄影（DR）胸片表现为主要依据，结合工作场所职业卫生学、尘肺流行病学调查资料和职业健康监护资料，参考临床表现和实验室检查，排除其他类似肺部疾病后，对照尘肺病诊断标准片，作出尘肺病的诊断和X线分期。

从业人员临床表现和实验室检查符合尘肺病的特征，没有证据否定其与接触粉尘之间必然联系的，应当诊断为尘肺病。这里强调的是“必然联系”，仅为必然联系，包括疾病的确定性、生物学合理性、剂量—效应的可能性，三者缺一不可。即首先是疾病认定，其次是职业病危害因素判定，最后是疾病与职业病危害因素因果关系判定。

（2）对于少数生前有较长时间接尘职业史，未被诊断为尘肺者，可根据本人意愿或身故后家属提出申请进行病理诊断。根据详细可靠的职业活动中粉尘接触史，由具有尘肺病理诊断权的病理专业人员按照《职业性尘肺病的病理诊断》（GBZ 25—2014）提出尘肺病的病理诊断报告，参考受检者历次 X 线胸片、病历摘要、死亡志，并排除其他原因可能导致的相似病理改变，可作出尘肺病的病理诊断。尘肺病的病理诊断可作为尘肺病患者享受职业病待遇的依据。

3. 需要进行尘肺病诊断的时间

（1）用人单位应及时组织符合诊断条件的从业人员进行尘肺病诊断

1）从业人员的职业健康检查报告提示出现职业健康损害，且复查后与尘肺病相关的单项或多项指标仍异常的从业人员，职业健康检查发现疑似尘肺病，需要职业病诊断机构进一步明确诊断的从业人员。

2）同一工作环境中，同时或短期内发生两例或两例以上从业人员职业健康检查胸片异常的病例，用人单位应予以重视，并安排从业人员进一步检查明确诊断。

3）脱离粉尘作业岗位后出现肺部不适。鉴于尘肺病发病潜伏期长和晚发型尘肺病的特点，在《职业健康监护技术规范》（GBZ 188—2014）中，对接触无机性粉尘的从业人员推荐进行“离岗后健康检查”，按照粉尘的性质和接尘工龄规定需要随访的年限和检查项目。

（2）从业人员自我怀疑患尘肺病时应主动进行尘肺病诊断

1）从业人员在工作过程中感到不适，出现咳嗽、咯痰、胸闷等症状，活动后症状加重，并且既往无呼吸系统疾病史，或排除其他呼吸系统疾病之后，怀疑出现的症状与从事粉尘作业有关，可以自行向有尘肺病诊断项目的职业病诊断机构提出尘肺病诊断申请。

2）接尘从业人员在脱离粉尘作业岗位后（调岗、离职或退休），出现咳嗽、咯痰、胸闷等症状，或体检 X 线胸片或肺部 CT 片异常，排除其他呼吸系统疾病之后，怀疑出现的症状与从事粉尘作业有关，也可向职业病诊断机构申请尘肺病诊断。人事关系所在的用人单位应积极配合劳动者进行尘肺病诊断。

二、尘肺病诊断步骤

职业病诊断是一项专业性、政策性都非常强的工作，直接关系到用人单位和从业人员切身利益，所以《职业病防治法》和《职业病诊断与鉴定管理办法》对职业病诊断程序、方法等均作出明确规定，更有利于保护从业人员健康权益。

从业人员、用人单位及其代理人（以下称为“当事人”）均可依法申请职业病诊断。

1. 诊断机构选择

（1）地区选择。从业人员可以在用人单位所在地、本人户籍所在地或者经常居住地的职业病诊断机构进行职业病诊断。

（2）医疗机构选择。省、自治区、直辖市卫生健康主管部门应当及时向社会公布在其行政区域内开展职业病诊断的医疗卫生机构名单、地址、诊断项目（即《职业病分类和目录》中的职业病类别和病种）等相关信息，并告知核发“医疗机构执业许可证”的卫生健康主管部门。当事人可以在当地人民政府卫生健康主管部门的网站上查找到职业病机构名单、具体地址和联系方式。

当事人应在卫生健康主管部门公布的职业病诊断机构名单中，选择具有尘肺病诊断项目的医疗机构，申请尘肺病诊断。

2. 诊断程序

职业病诊断程序一般要经历职业病门诊就诊、提交材料及调查取证、诊断三个阶段。

（1）职业病门诊就诊。《职业病诊断与鉴定管理办法》规定，劳动者依法要求进行职业病诊断的，职业病诊断机构应当接诊，并告知劳动者职业病诊断的程序和所需材料。劳动者应当填写“职业病诊断就诊登记表”（见表 4–1），并提供本人掌握的职业病诊断有关资料。

表 4–1　　职业病诊断就诊登记表

编号：

<table>
<tr><td>劳动者姓名</td><td></td><td>性别</td><td></td><td>年龄</td><td></td><td>联系电话</td><td colspan="2"></td></tr>
<tr><td>身份证号码</td><td></td><td>联系地址</td><td colspan="6"></td></tr>
<tr><td>用人单位</td><td colspan="3"></td><td colspan="2">用人单位联系人</td><td></td><td>联系电话</td><td></td></tr>
<tr><td>单位地址</td><td colspan="6"></td><td>邮政编码</td><td></td></tr>
<tr><td>劳动者既往病史</td><td colspan="8"></td></tr>
<tr><td>提起诊断的职业病种类</td><td colspan="8">□职业性尘肺病及其他呼吸系统疾病______ □职业性眼病______
□职业性化学中毒______ □职业性耳鼻喉______ □腔疾病______
□物理因素所致职业病______ □职业性肿瘤______
□职业性传染病______ □职业性放射性疾病______
□职业性皮肤病______ □其他职业病______</td></tr>
<tr><td rowspan="4">劳动者职业病危害因素接触史（不够填写可附页）</td><td colspan="2">起止时间</td><td colspan="2">工作单位</td><td>工种</td><td>岗位</td><td colspan="2">接触的职业病危害因素名称</td></tr>
<tr><td colspan="2"></td><td colspan="2"></td><td></td><td></td><td colspan="2"></td></tr>
<tr><td colspan="2"></td><td colspan="2"></td><td></td><td></td><td colspan="2"></td></tr>
<tr><td colspan="2"></td><td colspan="2"></td><td></td><td></td><td colspan="2"></td></tr>
</table>

续表

<table>
<tr><td colspan="7">劳动者提供的资料：
□劳动关系证明材料 □劳动者身份证复印件
□职业病诊断资料______________________
本人声明提供的所有资料是真实的。

当事人：(签章)
日期： 年 月 日</td></tr>
<tr><td rowspan="2">代理人姓名</td><td rowspan="2"></td><td>代理劳动者
( )</td><td rowspan="2">代理人身份证号码</td><td rowspan="2"></td><td rowspan="2">联系方式</td><td rowspan="2"></td></tr>
<tr><td>代理用人单位
( )</td></tr>
<tr><td colspan="7">代理人签名： 日期： 年 月 日</td></tr>
</table>

注：1. 劳动者应当提交身份证复印件和劳动关系相关证明材料等，并在复印件上签名确认。

2. 委托代理的，还应当提交当事人委托书和代理人身份证复印件，并在复印件上签名确认。

3. 资料提交人应当在所提交的资料首页上签名确认，并注明页数。

4. 当事人在职业病诊断中所提交的所有材料一概不予退还，请自留备份。

5. 提起诊断的职业病种类根据最新颁布的《职业病分类和目录》随时调整。

职业病诊断就诊登记表内容及填写要求如下：

(1) 用人单位：应是劳动者在该单位接触的职业病危害因素和提起的职业病诊断有关的单位（一家或一家以上单位)，一般应是出具劳动者职业病危害因素接触史的用人单位。

(2) 劳动者既往病史：应包括提起诊断的劳动者曾患的、包括职业病在内的所有疾病史。

(3) 提起诊断的职业病种类：应当和现行国家公布执行的《职业病分类和目录》一致。

(4) 劳动者职业病危害因素接触史：应包括劳动者接触职业病危害因素起止时间、工作单位、工种、岗位、所接触的职业病危害因素的名称。

(5) 劳动者提供的资料：就诊的劳动者根据职业病诊断有关法规和标准提供的、包括用人单位出具的相关资料，如劳动关系证明、身份证复印件、劳动者就诊资料等；劳动者个人提交的自述或其他有关资料。

(6) 职业病诊断机构要针对登记表填写人身份及所填写内容等需要提供支撑资料或依据等事项进行明确告知，包括：

①明确告知填表人需要提供当事人身份证复印件并签名确认、劳动关系相关证明材料等。

②针对委托代理的情形明确告知当事人要提交委托书和代理人身份证复印件并签名确认。

③当事人在职业病诊断中所提交的所有材料一概不予退还，请自留备份。

④提起诊断的职业病种类根据最新颁布的《职业病分类和目录》随时调整。

医生根据劳动者的生产性粉尘接触史、主诉及既往病史，开具相应的检查，如X线胸片、胸部CT、数字化摄影（DR)、肺功能检查、血气分析、支气管镜等。

（2）提交材料及调查取证。尘肺病诊断需要提交以下资料：

1）劳动者职业史和生产性粉尘接触史（包括在岗时间、工种、岗位、接触的粉尘名称等）。

2）劳动者职业健康监护档案。

3）工作场所空气中粉尘浓度检测结果。

4）与诊断有关的其他资料（如呼吸系统疾病诊治情况等）。

（3）职业病诊断机构进行尘肺病诊断时，应当书面通知劳动者所在的用人单位提供其掌握的上述资料，用人单位应当在接到通知后的10日内如实提供。在实际职业病诊断过程中，提交上述资料会有或多或少的困难和问题，如用工双方对职业史的争议，用人单位的解散、破产等。针对各种问题，职业病诊断机构可以采取以下措施确保诊断工作正常进行：

1）用人单位未在规定时间内提供尘肺病诊断所需要资料的，职业病诊断机构可以依法提请用人单位所在地卫生健康主管部门督促用人单位提供。

2）在确认劳动者职业史、职业病危害接触史时，当事人对劳动关系、工种、工作岗位或者在岗时间有争议的，职业病诊断机构应当告知当事人依法向用人单位所在地的劳动争议仲裁委员会申请仲裁。

3）如果劳动者对用人单位提供的工作场所粉尘浓度检测结果等资料有异议，或者因劳动者的用人单位解散、破产，无用人单位提供上述资料的，职业病诊断机构应当依法提请用人单位所在地卫生健康主管部门进行调查。职业病诊断机构在卫生健康主管部门作出调查结论或者判定前应当中止职业病诊断。

4）职业病诊断机构需要了解工作场所职业病危害因素情况时，可以对工作场所进行现场调查，也可以依法提请卫生健康主管部门组织现场调查。

5）如果经卫生健康主管部门督促，用人单位仍不提供工作场所职业病危害因素检测结果、职业健康监护档案等资料或者提供资料不全的，职业病诊断机构应当结合劳动者的临床表现、辅助检查结果和劳动者的职业史、职业病危害接触史，并参考劳动者自述或工友旁证资料、卫生健康主管等有关部门提供的日常监督检查信息等，作出职业病诊断结论。如果仍不能作出职业病诊断的，职业病诊断机构可依据病人的临床表现以及辅助检查结果，作出疾病的诊断，并提出相关医学意见或者建议。

3. 诊断

尘肺病诊断方法包括病因诊断和病理诊断，两种诊断方法分别有相应的诊断标准。需要指出的是，尘肺病的病理诊断仅适用于尸体解剖和外科肺叶切除标本，此处外科肺叶切除标本是指因本病以外的其他疾病而实施肺叶切除手术所获得的标本，不主张因疑似尘肺病而进行外科切除肺叶诊断。

（1）尘肺病诊断依据。尘肺病诊断医师按照上述尘肺病诊断基本原则，依据中华人民共和国国家职业卫生标准《职业性尘肺病的诊断》（GBZ 70—2015）或《职业性尘肺病的病理诊断》（GBZ 25—2014），对劳动者进行尘肺病诊断分期。

职业病诊断机构对劳动者进行尘肺病诊断，无论劳动者诊断结论是否为尘肺病，均应出具职业病诊断证明书（见表4-2）。职业病诊断证明书一式五份，劳动者、用人单位所在地县级卫生健康主管部门各一份，用人单位两份，诊断机构存档一份。职业病诊断证明书应当由参与诊断的、取得职业病诊断资格的执业医师签署，并经承担职业病诊断的医疗卫生机构审核盖章。职业病诊断证明书是具有法律效力的文书。劳动者依据其诊断证明可依法享受职业病待遇。

表 4-2　　职业病诊断证明书

编号：

姓名		性别		身份证号码	
用人单位名称					
职业病危害因素接触史					
诊断结论：					
处理意见： 诊断医师： （签名） 年　月　日				诊断机构： （公章） 年　月　日	

注：如果对本诊断结论有异议，可以在接到本证明书30日内向省（区、市）市（区）卫生健康主管部门申请设区的市级职业病鉴定。

案例：在某次职业病鉴定会上，某一用人单位因劳动者并非在其单位接触粉尘为由（当场出具了检测报告，证明该单位无粉尘作业），对职业病诊断证明书中“用人单位名称”填写其单位名称一事提出异议。

《职业病诊断文书书写规范》（GBZ/T 267—2015）规定，职业病诊断证明书中“用人单位”一栏，应填写在职业病诊断过程中提供劳动者职业病危害因素接触史的单位或根据劳动仲裁裁决结果确定的具有劳动关系的用人单位。

职业病确诊后，后续涉及劳动者工伤认定和劳动能力伤残等级鉴定，如果用人单位名称不是劳动者现有人事关系的所在地，会影响劳动者的工伤认定。虽然劳动者先在外单位接触粉尘，之后才到现单位工作，但因人事关系在该公司，所以用人单位名称为现公司的名称，而在“职业病危害因素接触史”一栏，职业病诊断机构会写明劳动者接触粉尘时所在单位、岗位、防护情况等内容。最终，该公司认定了与患者的法律关系。

（2）尘肺病诊断结论。在职业病诊断证明书中“诊断结论”一栏，尘肺病诊断结论表述为“职业性+具体尘肺病名称+期别”，如“职业性矽肺壹期”和“职业性煤工尘肺贰期”等。未能诊断为尘肺病者，应表述为“无尘肺”。

三、尘肺病诊断提交材料

该部分内容是对前述内容的补充，以便当事人能在较短的时间内准备好所需资料，具体内容如下：

1. 劳动者及代理人身份证明

劳动者需提交有效的身份证件；代理人需要提交授权委托书；如果是用人单位的工作人员，还需提交单位介绍信等。

2. 劳动者的职业史、粉尘接触史和既往病史

职业史和粉尘接触史需要劳动者和用人单位双方签字确认。职业史指的是劳动者参加工作以来的工作经历材料，如曾经在哪些单位工作过、从事什么职业等。生产性粉尘接触史是诊断尘肺病的基本条件，包括工作单位、工种、不同时间段接触生产性粉尘的起止时间、接触粉尘的名称等；既往病史指的是劳动者的既往健康情况、是否患过其他疾病等。

3. 劳动关系证明

劳动关系证明包括用人单位的介绍信、劳动争议仲裁机构的劳动关系仲裁书或法院判决书、有效工作证、劳动合同、劳动者提供的证言和证词等。劳动者提供的证言和证词需由职业病诊断机构发函至用人单位确认后方可采信，如果用人单位予以否认，必须经当地劳动关系仲裁机构确认后方可采信。劳动关系证明是职业病诊断申请中最为关键的一个环节，实践中，经常存在用人单位否认劳动关系的情况，劳动者申请职业病诊断时必须提交上述资料。

4. 劳动者职业健康监护档案

劳动者职业健康监护档案指的是劳动者在从事工作过程中健康监护全过程的客观记录资料，包括劳动者的职业史、粉尘接触史、既往病史、职业健康检查结果及处理情况（包括上岗前、在岗期间、离岗时职业健康检查报告及历年职业健康检查尘肺片）、职业病诊疗等健康资料；退休、离岗人员以及换岗（调离原单位）人员还需提供离岗后医学随访观察资料（如有）。

5. 工作场所空气中粉尘浓度检测结果

这是证明劳动者在劳动过程中是否接触粉尘的有效证据，包括工作场所粉尘浓度定期检测资料、现状评价资料、工作场所防尘降尘防护设备及个人防尘用品配置情况等。

6. 健康损害证明

通常劳动者向职业病诊断机构申请诊断时，医生会为劳动者开具相关临床检查，作为职业病诊断的临床证据。所以职业病诊断前健康损害证明不是必须提供的，可在职业病诊断申请时在诊断机构进行检查。如果劳动者生前未做职业病诊断，家属申请职业病诊断时，应提交劳动者生前的健康损害证明，包括门诊、住院病历、临床检查（X 线胸片、肺 CT）等。

四、尘肺病诊断分期

尘肺病诊断分期与劳动者伤残能力等级鉴定相关。《职业性尘肺病的诊断》（GBZ 70—2015）和《职业性尘肺病的病理诊断》（GBZ 25—2014）均将尘肺病诊断分为三期，

具体分期标准如下：

1.《职业性尘肺病的诊断》（GBZ 70—2015）诊断分期

（1）尘肺壹期。有下列表现之一者：

1）有总体密集度 1 级的小阴影，分布范围至少达到 2 个肺区。

2）接触石棉粉尘，有总体密集度 1 级的小阴影，分布范围只有 1 个肺区，同时出现胸膜斑。

3）接触石棉粉尘，小阴影总体密集度为 0，但至少有两个肺区小阴影密集度为 0/1，同时出现胸膜斑。

（2）尘肺贰期。有下列表现之一者：

1）有总体密集度 2 级的小阴影，分布范围超过 4 个肺区。

2）有总体密集度 3 级的小阴影，分布范围达到 4 个肺区。

3）接触石棉粉尘，有总体密集度 1 级的小阴影，分布范围超过 4 个肺区，同时出现胸膜斑并已累及部分心缘或膈面。

4）接触石棉粉尘，有总体密集度 2 级的小阴影，分布范围达到 4 个肺区，同时出现胸膜斑并已累及部分心缘或膈面。

（3）尘肺叁期。有下列表现之一者：

1）有大阴影出现，其长径不小于 20 mm，短径大于 10 mm。

2）有总体密集度 3 级的小阴影，分布范围超过 4 个肺区并有小阴影聚集。

3）有总体密集度 3 级的小阴影，分布范围超过 4 个肺区并有大阴影。

4）接触石棉粉尘，有总体密集度 3 级的小阴影，分布范围超过 4 个肺区，同时单个或两侧多个胸膜斑长度之和超过单侧胸壁长度的二分之一或累及心缘使其部分显示蓬乱。

2.《职业性尘肺病的病理诊断》（GBZ 25—2014）诊断分期

尘肺病病理诊断仅适用于尸体解剖和外科肺叶切除标本。外科肺叶切除标本是指因本病以外的其他疾病而实施肺叶切除手术所获得的标本，不主张因疑似尘肺病而进行外科切除肺叶诊断。

（1）尘肺壹期。符合下列条件之一者：

1）全肺各切面（大体和镜检）尘肺结节总数大于等于 20 个，小于 50 个。

2）全肺尘性弥漫性肺纤维化达到 1 级（1 度）及以上。

3）全肺尘斑—气肿面积大于等于 30%，小于 75%。

4）按结节、尘斑、弥漫性肺纤维化综合评分法计算 20~49 分。

（2）尘肺贰期。符合下列条件之一者：

1）全肺各切面（大体和镜检）尘肺结节总数在 50 个及以上。

2）全肺尘性弥漫性肺纤维化达到 2 级（2 度）及以上。

3）全肺尘斑—气肿面积占 75%及以上。

4）按结节、尘斑、弥漫性肺纤维化综合评分法计算 50 分及以上。

（3）尘肺叁期。符合下列条件之一者：

1）肺内出现 2 cm×2 cm×2 cm 尘性块状纤维化。

2）尘性弥漫性肺纤维化达到 3 级（3 度）及以上。

五、尘肺病诊断后处理措施

尘肺病患者一经确诊后，用人单位应采取措施保障劳动者合法权益。

1. 尘肺病报告

用人单位和医疗卫生机构发现尘肺病患者或者疑似尘肺病患者时，应当及时向所在地卫生健康主管部门报告。确诊为尘肺病的，用人单位还应当向所在地社会保障行政部门报告。接到报告的部门应当依法作出处理。

职业病诊断证明书一式五份，劳动者、用人单位所在地县级卫生健康主管部门各一份，用人单位两份，诊断机构存档一份。在职业病诊断机构作出诊断结论后，当事人应及时到职业病诊断机构领取职业病诊断证明书，并根据《职业病防治法》的要求，及时向有关部门报告。

2. 调离粉尘作业岗位

用人单位对不适宜继续从事原工作的尘肺病患者，应当调离原岗位，并妥善安置。尘肺病明确诊断后，应按国家规定调离粉尘作业岗位，并根据健康情况，安排适当的工作。

3. 综合治疗

用人单位应当按照国家有关规定，安排职业病患者进行治疗、康复和定期检查。

尘肺病目前尚无特效治疗药及根治办法，可通过加强健康管理，积极开展综合治疗（包括对症治疗、并发症治疗和康复治疗），达到减轻患者痛苦，延缓病情进展，提高生活质量和社会参与程度，延长患者寿命的目的。

4. 工伤认定和劳动能力伤残等级鉴定

尘肺病确诊后，根据《职业病防治法》要求，依据《工伤保险条例》《工伤认定办法》《工伤职工劳动能力鉴定管理办法》和《劳动能力鉴定　职工工伤与职业病致残等级》（GB/T 16180—2014），应对尘肺病患者的劳动能力进行鉴定，以作为尘肺病患者补偿和安置的依据。按照《劳动能力鉴定　职工工伤与职业病致残等级》（GB/T 16180—2014）的规定，职业病致残程度可按病情轻重分为十级；尘肺病患者劳动能力鉴定是依据患者肺部损害及其严重程度、肺代偿功能的级别来进行判定的，包括尘肺期别、肺功能损伤程度、血氧分压情况以及有无肺结核等并发症进行综合判定。

小知识 XIAOZHISHI

尘肺病诊断临床检查

《职业性尘肺病的诊断》（GBZ 70—2015）中，诊断分期主要依据高千伏 X 线胸片或数字化摄影（DR）胸片胸部影像学表现。但在尘肺病诊断过程中，不仅仅要看胸片的阴影密集度，还要排除其他呼吸系统疾病后，才能作出尘肺病诊断。故在尘肺病诊断过程中，临床检查除高千伏 X 线胸片或数字化摄影（DR）胸片外，还要拍摄胸部 CT，进行肺功能、血气分析、纤维支气管镜、胸腔镜和结核杆菌培养、痰液细菌涂片检查等鉴别诊断。下面简单介绍几项临床检查知识，供读者了解。

1. 胸部 X 线检查

X 线检查分为普通 X 线检查、断层检查、造影检查。胸部 X 线检查包括透视和胸部照相。

胸部透视的优点是可动态观察图像，如转动体位、心脏搏动等。但其缺点很明显，如胸透视野较小，需要不断地挪动荧光屏和探测仪来完成整个胸部透视检查；检查时间相对较长；受照射剂量大，分辨率低；无法留下客观图像，需要根据诊断医师的主观判断进行。因此，胸部透视目前已逐步退出尘肺病诊断临体检查。

胸部照相（胸片）具有视野较大，一次曝光可以获得整张胸片，且受射线剂量小，分辨率高，可以永久保存图像等优点。目前较常见胸片包括高千伏 X 线胸片、计算机 X 线摄影胸片（包括 CR、数字化摄影 DR）；胸片拍摄位置有胸部正位片（后前位）、左侧位、左前斜位和右前斜位 4 种。

CR、DR 拍摄的照片具有在磁盘或光盘中进行存储、传输甚至远距离诊断的特点。DR 与 CR 原理相似，但成像质量有所提高。

尘肺病诊断主要依据后前位 X 线胸片，只有高千伏 X 线胸片和数字化摄影（DR）胸片可以用于尘肺病诊断。

2. 胸部 CT

CT 是电子计算机断层扫描的简称，是电子计算机与 X 线检查技术相结合的产物。它具有普通检查无法比拟的优点。CT 能显示真正的断面图像，避免了不同组织、器官病变等影像相互重叠，提供受检切面的解剖细节。其次，CT 可以把组织间微小 X 线吸收差别表现在图像上，清晰度高；同时分辨率也比普通 X 线检查高出 10~20 倍。此外，CT 的数据处理方法先进，可以获得鲜明的图像，从而使用普通 X 线检查分辨不清的组织结构显示出来。胸部 CT 目前已成为诊断呼吸系统疾病重要辅助检查手段之一，尤其对纵隔、胸膜病变、肺部肿瘤等的诊断帮助较大。

虽然现行《职业性尘肺病的诊断》（GBZ 70—2015）中依据 X 线胸片或数字化摄影胸片（DR）进行诊断分期，但尘肺病诊断要在排除其他肺部疾病的基础上才能进行诊断，所以诊断过程中医生会开具胸部 CT 检查辅助诊断并进行与其他肺部疾病的鉴别诊断。

高千伏 X 线胸片和数字化摄影胸片（DR）是胸部平面图，两种胸片肺部组织前后成像均是叠加在一起的，不能明确分辨出病变的具体位置。CT 扫描的好处在于可以三维观察扫描的位置，从肺尖（肺部顶端）到肺的底部，把整个肺部分成若干个层面，一层一层地完成扫描，这样医生可以通过不同的角度旋转来准确地确定病灶所在，再根据临床定性病灶可能是什么疾病。

3. 肺功能检查

肺功能检查是借助呼吸功能测定仪器进行的一种无创性检查，是呼吸系统疾病的必要检查之一。对于早期检出肺、气管病变，评估疾病的病情严重程度及预后，评定药物或其他治疗方法的疗效，鉴别呼吸困难的原因，诊断病变部位、评估肺功能对手术的耐受力或劳动强度耐受力及对危重患者的监护等方面有重要的指导意义。肺功能的损伤程度和尘肺病患者劳动能力伤残等级鉴定相关。

肺功能检查的内容包括肺容积，肺通气功能、换气功能，血流和呼吸动力。每一项内容有若干指标反映其功能，反映肺功能的检查指标较多，在此不做详细介绍。

呼吸系统疾病在肺功能检查中的表现主要有：

（1）阻塞性病变。指由于各种因素造成呼吸道狭窄而出现气流受阻的改变，导致气管阻塞而引起的通气障碍，其中以哮喘最为明显。原则上以 FEV1/FVC 下降为标准。若 FEV1/FVC 低于预计值的 92%，即使 FEV1 占预计值百分比>80%也可判断为阻塞性通气功能障碍。

（2）限制性病变。指肺部呼吸运动受到限制而出现肺通气量减少的改变，如肺气肿、胸膜炎及液气胸等，均有不同程度的肺通气量减少。主要表现为 FVC 明显下降，肺容量指标如 TLC、RV 及 RV/TLC 对限制性通气功能障碍的判断更为精确。

（3）混合性病变。指阻塞性和限制性病变二者兼而有之，如慢性阻塞性肺病及哮喘晚期、尘肺病、小儿支气管肺炎等。主要为 TLC、VC 及 FEV1/FVC 的下降，而 FEV1 降低更明显。

尘肺病是以肺组织弥漫性纤维化为主的疾病，肺组织纤维化使肺弹性阻力增大，顺应性降低，肺容积减少，引起限制性通气功能障碍；尘肺病可侵犯小气管，使外周气管阻力增高，气管阻塞而引起阻塞性通气功能障碍；有时兼有阻塞、限制两种因素，尘肺病患者也可存在混合型通气功能障碍。肺功能损伤分级见表 4–3。

表 4–3 肺功能损伤分级 %

损伤级别	FVC	FEV1	MVV	FEV1/FVC	RV/TLC	DL_{CO}
正常	>80	>80	>80	>70	<35	>80
轻度损伤	60~79	60~79	60~79	55~69	36~45	60~79
中度损伤	40~59	40~59	40~59	35~54	46~55	45~59
重度损伤	<40	<40	<40	<35	>55	<45

注：FVC、FEV1、MVV、DL_{CO} 为占预计值百分数。

4. 血气分析

血气是指血液中的气体，主要是氧气（O_2）和二氧化碳（CO_2）。呼吸过程中人体从外界摄入氧气，将机体代谢过程中产生的二氧化碳排出体外。

血气分析是用于判断机体是否存在酸碱平衡紊乱，以及是否缺氧和缺氧程度等的检验手段。血气分析是呼吸衰竭和酸碱平衡紊乱诊断和治疗的重要手段，对指导心肺疾病和代谢疾病治疗有重要意义。

尘肺病患者的肺组织弥漫性纤维化，会影响肺泡壁交换气体的功能，影响氧气摄入和二氧化碳呼出，引起血液中两种气体的含量和代谢产物浓度的不同，可根据血气分析报告判别尘肺病患者是否有缺氧和酸碱平衡紊乱。尘肺病患者随病期进展，氧分压和血氧饱和度会逐步下降。

血气分析的常见指标有：氧分压、二氧化碳分压、酸碱度、氧饱和度、实际碳酸氢根、阴离子间隙、剩余碱、二氧化碳总量等。其中以氧分压为主要指标，低氧血症分级见表 4–4。

表 4–4 低氧血症分级

分级	氧分压（PaO_2）	
正常	13. 3～10. 6 kPa	100～80 mmHg
轻度	10. 5～8. 0 kPa	79～60 mmHg
中度	7. 9～5. 3 kPa	59～40 mmHg
重度	<5. 3 kPa	<40 mmHg

第二节　尘肺病诊断鉴定

职业病诊断与职业病诊断鉴定是判定劳动者是否存在职业病的两种技术手段，两者既有联系，又存在一定的不同。按照《职业病防治法》及其有关法规的规定，两者是确定劳动者是否为职业病患者的不同依据，两者承担责任的主体不同、内容不同、法律效力也不同。

一、何时需要申请尘肺病鉴定

当事人对职业病诊断机构作出的职业病诊断结论有异议的，可以在接到职业病诊断证明书之日起 30 日内，向作出诊断的职业病诊断机构所在地设区的市级卫生健康主管部门申请鉴定。设区的市级职业病诊断鉴定委员会负责职业病诊断争议的首次鉴定。当事人对设区的市级职业病诊断鉴定结论不服的，可以在接到鉴定书之日起 15 日内，向原鉴定组织所在地省级卫生健康主管部门申请再鉴定。职业病诊断鉴定实行两级鉴定制，省级职业病诊断鉴定结论为最终鉴定。

二、尘肺病诊断鉴定的原则

1. 原则与依据

（1）职业病诊断鉴定工作应当遵循科学、公正、公开、公平、及时、便民的原则。

（2）职业病诊断鉴定工作应当依据《职业病防治法》及《职业病诊断与鉴定管理办法》的规定和国家职业病诊断标准进行，并符合职业病诊断与鉴定的程序。

2. 回避原则

职业病诊断鉴定委员会专家有下列情形之一的，应当回避：

（1）是职业病诊断鉴定当事人或者当事人近亲属的。

（2）已参加当事人职业病诊断或者首次鉴定的。

（3）与职业病诊断鉴定当事人有利害关系的。

（4）与职业病诊断鉴定当事人有其他关系，可能影响鉴定公正的。

三、尘肺病鉴定程序

1. 咨询

设区的市级以上地方卫生健康主管部门应当向社会公布本行政区域内依法承担职业病诊断鉴定工作的办事机构的名称、工作时间、地点、电话和鉴定工作程序等信息。

当事人取得职业病诊断证明书后，如果对诊断结论有异议，应及时向职业病诊断鉴定机构咨询鉴定的相关事宜，以及需要提交的材料。因职业病诊断鉴定申请有时间限制，当事人应在时限内申请，超过期限，职业病诊断鉴定机构将不予受理。

2. 申请及提交材料

当事人申请尘肺病诊断鉴定时，应当提供以下资料：

（1）职业病诊断鉴定申请书。申请书是个人或集体向组织、机关、企事业单位或社会团体表述愿望、提出请求时使用的一种文书，一般包括标题、称谓、正文、署名、日期等。

当事人申请职业病诊断鉴定时，可在申请书正文部分简单陈述申请事项、劳动者的工作经历和生产性粉尘接触情况（诊断岗位、接尘工龄等），职业病诊断过程、申请职业病诊断鉴定的理由等内容。具体格式可参考以下范例：

职业病诊断鉴定申请书

（省、市）职业病诊断鉴定委员会：

1. 申请事项：
2. 申请原因：
3. 申请理由：

用人单位（盖章）/劳动者（签名）

年　月　日

（2）职业病诊断证明书。申请省级鉴定的劳动者还应当提交市级职业病诊断鉴定书，包括职业病诊断证明书/市级职业病诊断鉴定书原件（核对后返还）和复印件。

（3）诊断鉴定申请表。诊断鉴定申请表由职业病诊断鉴定办事机构提供，当事人应按照要求填写。鉴定申请表无固定格式，一般包括申请人信息、被鉴定人信息、用人单位信息、职业病诊断信息和首次职业病诊断鉴定信息等内容，具体见表 4–5。

表 4–5　　职业病诊断鉴定申请表

<table>
<tr><td>申请人姓名</td><td colspan="5"></td><td colspan="2">与被鉴定人关系</td><td colspan="2"></td></tr>
<tr><td>所在地址</td><td colspan="3"></td><td colspan="2">联系电话</td><td colspan="2"></td><td>邮政编码</td><td></td></tr>
<tr><td>申请鉴定事由</td><td colspan="9"></td></tr>
<tr><td>被鉴定人姓名</td><td></td><td>性别</td><td colspan="2">□男　□女</td><td colspan="2">出生时间</td><td colspan="3">年　月　日</td></tr>
<tr><td>身份证号</td><td colspan="4"></td><td colspan="2">婚否</td><td colspan="3">□已婚　□未婚</td></tr>
<tr><td>用人单位</td><td colspan="4"></td><td colspan="2">邮政编码</td><td colspan="3"></td></tr>
<tr><td>单位联系人</td><td colspan="4"></td><td colspan="2">联系人电话</td><td colspan="3"></td></tr>
<tr><td>工作岗位</td><td>车间</td><td></td><td>作业岗位</td><td colspan="3"></td><td>工种</td><td colspan="2"></td></tr>
<tr><td>接触职业病危害因素名称</td><td></td><td>接触年限</td><td colspan="2">年　月—　　年　月</td><td>接触工龄</td><td>年</td><td>总工龄</td><td colspan="2">年</td></tr>
<tr><td>诊断单位名称</td><td colspan="9"></td></tr>
<tr><td>诊断结论</td><td colspan="4"></td><td colspan="2">诊断日期</td><td colspan="3">年　月　日</td></tr>
<tr><td>首次鉴定机构</td><td colspan="9"></td></tr>
<tr><td>首次鉴定结论</td><td colspan="4"></td><td colspan="2">首次鉴定时间</td><td colspan="3"></td></tr>
<tr><td rowspan="11">提交的材料</td><td colspan="4">有关材料名称</td><td>有</td><td>无</td><td colspan="3">备注</td></tr>
<tr><td colspan="4">1. 职业病诊断鉴定申请书</td><td></td><td></td><td colspan="3"></td></tr>
<tr><td colspan="4">2. 职业病诊断证明书（复印件）</td><td></td><td></td><td colspan="3"></td></tr>
<tr><td colspan="4">3. 首次职业病诊断鉴定书（复印件）</td><td></td><td></td><td colspan="3"></td></tr>
<tr><td colspan="4">4. 职业史、既往史证明</td><td></td><td></td><td colspan="3"></td></tr>
<tr><td colspan="4">5. 职业健康监护档案（复印件）</td><td></td><td></td><td colspan="3"></td></tr>
<tr><td colspan="4">6. 近期职业健康检查结果（复印件）</td><td></td><td></td><td colspan="3"></td></tr>
<tr><td colspan="4">7. 工作场所历年职业病危害因素检测、评价资料（复印件）</td><td></td><td></td><td colspan="3"></td></tr>
<tr><td colspan="4">8. 医院病历资料（复印件）</td><td></td><td></td><td colspan="3"></td></tr>
<tr><td colspan="4">9. 被鉴定人身份证（复印件）</td><td></td><td></td><td colspan="3"></td></tr>
<tr><td colspan="4">10. 其他有关资料</td><td></td><td></td><td colspan="3"></td></tr>
<tr><td colspan="10">申请人承诺：如实提供职业病诊断鉴定所需各项材料，若提供虚假材料，愿承担相应法律责任。</td></tr>
<tr><td colspan="10">申请人签名（盖章）：
申请日期：　　年　　月　　日</td></tr>
</table>

注：本职业病诊断鉴定申请表一式一份，由诊断鉴定办公室存档。

（4）劳动者身份证复印件。劳动者需要签写“与原件一致字样”并签字。

（5）劳动者职业史证明和生产性粉尘接触史证明。

（6）尘肺病诊断病历。劳动者的门诊病历或职业病科住院病历，包括纸质病历、历次高千伏X线胸片或数字化摄影（DR）胸片、肺部CT片、肺功能检查报告、血气分析报告及诊断时进行的其他临床检查报告。

（7）职业健康监护档案、工作场所空气中粉尘浓度检测报告。

（8）代理人的证明文件。尘肺病诊断鉴定可由用人单位、劳动者本人或其代理人申请。委托代理人申请时，应提交授权委托书、代理人身份证明文件、单位介绍信等。

3. 审核及受理

职业病诊断鉴定办事机构收到当事人的鉴定申请后，应对其提供的与鉴定有关的资料进行审核，查看有关材料是否齐备、有效。职业病诊断鉴定办事机构应当自收到申请资料之日起5个工作日内完成资料审核，对资料齐全的发给受理通知书；资料不全的，应当当场或者在5个工作日内一次性告知当事人补充。资料补充齐全的，应当受理申请并组织鉴定。当事人应当按照诊断鉴定委员会的要求，予以配合。职业病诊断鉴定申请受理通知书格式参见以下范例。

职业病诊断鉴定申请受理通知书

编号：

用人单位/劳动者：

本职业病诊断鉴定办公室于　　年　　月　　日收到您提交的职业病诊断鉴定申请表，经对申请表及所附资料进行审核，认为符合《职业病防治法》和《职业病诊断与鉴定管理办法》之规定，决定予以受理。

根据《职业病诊断与鉴定管理办法》的有关规定，鉴定工作将自受理之日起40日内完成。进行现场调查、医学检查或医学观察的时间除外。

特此告知。

当事人（签字）：

年　月　日

职业病诊断鉴定办公室（盖章）

年　月　日

备注：此通知书一式两份，一份交被鉴定人，一份由诊断鉴定办公室存档。

鉴定过程一般不再重新进行临床检查，但在尘肺病诊断鉴定过程中，如果用人单位和劳动者对职业病诊断过程中使用的高千伏 X 线胸片或数字化摄影（DR）胸片存在质疑时，建议双方当事人一同前往医疗机构拍摄质量符合要求的胸片用于职业病诊断鉴定，费用由用人单位承担。

4. 组织鉴定

进入鉴定程序后，职业病诊断鉴定办事机构按照《职业病诊断与鉴定管理办法》的要求抽取专家、必要时进行现场调查，并组织召开鉴定会，出具职业病诊断鉴定书。

（1）参加职业病诊断鉴定的专家，应当由申请鉴定的当事人或者当事人委托的职业病诊断鉴定办事机构从专家库中按照专业类别以随机抽取的方式确定。抽取的专家组成本次职业病诊断鉴定委员会。例如，尘肺病诊断鉴定的专家应根据被鉴定人的情况，从专家库的尘肺病组、影像组、呼吸系统组、结核病组等与呼吸系统相关的专家组中抽取。抽取专家委托书见范例：

职业病诊断鉴定委员会专家抽取委托书

__________职业病诊断鉴定办公室：

本单位愿意委托贵办公室代理从省职业病诊断鉴定专家库中抽取职业病诊断鉴定专家对（被鉴定人）的职业病诊断结论进行鉴定。

特此证明。

当事人签名：

年　月　日

备注：此委托书一式一份，由诊断鉴定办公室存档。

（2）需要了解被鉴定人的工作场所职业病危害因素情况时，职业病诊断鉴定办事机构根据鉴定委员会的意见可以对工作场所进行现场调查，或者依法提请用人单位所在地卫生健康主管部门组织现场调查。现场调查应当在 30 日内完成。依法提请组织现场调查的，在现场调查结论或者判定作出前，职业病诊断鉴定应当中止。现场调查应了解劳动者的作业时间、作业环境、作业内容、用人单位的生产工艺、职业病防护设施及个体防护用品情况等。

（3）鉴定会设置当事人陈述的时间，鉴定委员会应当听取当事人的陈述和申辩，必要时可以组织进行医学检查，医学检查应当在 30 日内完成。

（4）职业病诊断鉴定办事机构应当在受理鉴定申请之日起 40 日内组织鉴定、形成鉴定结论并出具职业病诊断鉴定书。

5. 出具诊断鉴定书

职业病诊断鉴定办事机构出具职业病诊断鉴定书后，应当于出具之日起 10 日内送达当事人。

诊断鉴定书的内容应当包括劳动者个人信息、用人单位的名称、职业病危害接触史、鉴定事由、鉴定结论及其依据。如果鉴定结果为职业病，应当注明职业性+尘肺病名称+期别；诊断鉴定委员会签章、鉴定时间。职业病诊断鉴定书范例见表 4-6。

首次鉴定的职业病诊断鉴定书一式五份，劳动者、用人单位、用人单位所在地市级卫生健康主管部门、原诊断机构各一份，职业病诊断鉴定办事机构存档一份；省级鉴定的职业病诊断鉴定书一式六份，劳动者、用人单位、用人单位所在地省级卫生健康主管部门、原诊断机构、首次职业病诊断鉴定办事机构各一份，省级职业病诊断鉴定办事机构存档一份。

表 4-6　　职业病诊断鉴定书

编号：

姓名		性别		身份证号码	
用人单位名称					
职业病危害接触史					
申请鉴定主要理由：					
鉴定依据：					
鉴定结论： 职业病诊断鉴定委员会 （公章） 年　月　日					

注：1. 根据《职业病防治法》的规定，如对市级职业病鉴定结论有异议，可在接到诊断鉴定书 15 日内向鉴定组织所在地省级卫生健康主管部门申请再鉴定。

2. 省级鉴定结论为最终鉴定。

四、鉴定结论处置

1. 对结论不一致的处置

（1）诊断鉴定书出具后，鉴定结论与诊断结论或者首次鉴定结论不一致的，职业病诊断鉴定办事机构应当在出具职业病诊断鉴定书后10日内向相关卫生健康主管部门报告。

（2）《职业病诊断与鉴定管理办法》规定，职业病诊断鉴定实行两级鉴定制，设区的市级职业病诊断鉴定委员会负责职业病诊断争议的首次鉴定。当事人对设区的市级职业病鉴定结论不服的，可以在接到诊断鉴定书之日起15日内，向原鉴定组织所在地省级卫生健康主管部门申请再鉴定。省级职业病诊断鉴定结论为最终鉴定。

2. 行政诉讼

如果当事人对最终鉴定结果仍不满意，可以向当地人民法院提起行政诉讼，但人民法院只对其合法性进行审查。

曾有当事人就职业病诊断鉴定结论不服一事，向法院提起行政诉讼，经过一审、二审，最终由最高人民法院针对该案例出具行政裁定书。行政裁定书中就职业病诊断鉴定的主体、职业病诊断鉴定的性质及职业病诊断鉴定是否可诉进行说明。以下内容摘自法院出具的行政裁定书，供读者参考。

（1）关于职业病诊断鉴定的主体问题。《职业病防治法》规定，职业病诊断鉴定委员会由相关专业的专家组成。省、自治区、直辖市人民政府卫生健康主管部门应当设立相关的专家库，需要对职业病争议作出诊断鉴定时，由当事人或者当事人委托有关卫生健康主管部门从专家库中以随机抽取的方式确定参加诊断鉴定委员会的专家。职业病诊断鉴定委员会应当按照国务院卫生健康主管部门颁布的职业病诊断标准和职业病诊断、鉴定办法进行职业病诊断鉴定，向当事人出具职业病诊断鉴定书。《职业病诊断与鉴定管理办法》（国家卫生健康委令〔2021〕第6号）规定："省级卫生健康主管部门应当设立职业病诊断鉴定专家库（以下简称专家库），并根据实际工作需要及时调整其成员，专家库可以按照专业类别进行分组。""专家库应当以取得职业病诊断资格的不同专业类别的医师为主要成员，吸收临床相关学科职业卫生、放射卫生、法律等相关专业的专家组成。专家应当具备下列条件：（一）具有良好的业务素质和职业道德；（二）具有相关专业的高级专业技术职务任职资格；（三）熟悉职业病防治法律规范和职业病诊断标准；（四）身体健康，能够胜任职业病诊断鉴定工作。"职业病诊断鉴定委员会承担职业病诊断争议的鉴定工作。职业病诊断鉴定委员会由卫生健康主管部门组织，参加鉴定的专家应当在鉴定书上签字，诊断鉴定书加盖职业病诊断鉴定委员会印章。

根据上述规定，职业病诊断鉴定的法定主体是职业病诊断鉴定委员会，该委员会是根据某一当事人的申请由专家临时组成的非常设机构，以自己的名义独立进行鉴定并出具鉴定意见，鉴定结论由鉴定委员会负责。

鉴定活动排斥行政权力的干涉，卫生健康主管部门也不能影响或者干扰职业病诊断鉴定委员会的鉴定工作。职业病诊断鉴定的主体应为某职业病诊断鉴定委员会，而非作为鉴定组织者和监督者的卫生健康主管部门。

（2）关于职业病诊断鉴定行为的性质问题。《职业病诊断与鉴定管理办法》规定，职业病诊断鉴定委员会应当认真审阅鉴定资料，依照有关规定和职业病诊断标准，经充分合议后，根据专业知识独立进行鉴定。在事实清楚的基础上，进行综合分析，作出鉴定结论，并制作职业病诊断鉴定书。鉴定结论应当经鉴定委员会半数以上成员通过。鉴定过程应当如实记载。

据此，职业病诊断鉴定活动是相关领域的专家依据职业病诊断标准，结合职业病危害接触史、工作场所职业病危害因素检测与评价、临床表现和医学检查结果等资料，根据专门知识、专业技能，利用专门的技术手段或设备对是否为职业病及具体情况进行分析和判断，是一种以医学科学为基础的专业技术活动。职业病诊断鉴定具有独立性、专业性，不具有“在行政管理活动中行使行政职权”的行政行为特性，不属于行政行为。各级卫生健康主管部门在此过程中，仅起到对鉴定机构和鉴定人员实行批准或资质管理等作用，包括确定专家、组织开展工作等，该组织、管理行为不应当对鉴定结论产生实质影响。

（3）关于职业病诊断鉴定结论是否可诉的问题。《职业病防治法》规定，当事人对职业病诊断有异议的，可以向作出诊断的医疗卫生机构所在地地方人民政府卫生健康主管部门申请鉴定。职业病诊断鉴定由设区的市级以上地方人民政府卫生健康主管部门根据当事人的申请，组织职业病诊断鉴定委员会进行鉴定。当事人对设区的市级职业病诊断鉴定委员会的鉴定结论不服的，可以向省、自治区、直辖市人民政府卫生健康主管部门申请再鉴定。《职业病诊断与鉴定管理办法》规定，职业病诊断鉴定实行两级鉴定制，省级职业病诊断鉴定结论为最终鉴定。另，《最高人民法院关于对医疗事故争议案件人民法院应否受理的复函》（自 2019 年 7 月 20 日起，该司法解释已废止，但此前依据该司法解释对有关案件作出的判决裁定仍然有效）答复称：“医疗事故技术鉴定委员会所作的医疗事故鉴定结论，系卫生行政部门认定和处理医疗事故的依据。病员及其亲属如果对医疗事故鉴定结论有异议，可以向上一级医疗事故技术鉴定委员会申请重新鉴定，如因对鉴定结论有异议向人民法院起诉的，人民法院不予受理。”上述复函虽然是个案答复，但体现了最高人民法院对医疗事故鉴定结论的裁判尺度，职业病诊断鉴定结论在性质、程序、人员、专业性程度等方面与医疗事故鉴定结论均有较高的相似性，可以参照上述复函的精神处理。

综上所述，职业病诊断鉴定不是可诉的行政行为，不属于行政审判权限范围。

第五章　尘肺病治疗与康复

第一节　尘肺病的治疗

一、尘肺病的治疗原则和方法

尘肺病的病理改变是肺组织弥漫性纤维化，是严重致肺组织结构破坏并损害肺功能的疾病。到目前为止，国内外均没有针对肺组织纤维化有效的治疗药物和措施，且理论上肺组织已经形成的纤维化是不可逆的，因此尘肺病目前仍是一个没有医疗终结的疾病。临床实践证明，一些基本的临床干预措施，如预防呼吸道感染并积极治疗，改变不良的生活习惯等均能明显地延缓肺组织纤维化的快速发展；尘肺并发症是尘肺病情恶化和死亡的主要原因，及时诊断和治疗各种尘肺并发症，能显著地改变疾病的转归和预后。故对尘肺病的治疗首先要有正确的认识，即通过全面的健康管理，改善不良的生活习惯和生活环境，积极预防和治疗并发症，积极进行康复治疗和训练，尘肺病患者基本可以保持正常的生活质量和相对健全的社会活动能力。

1. 尘肺病的治疗原则

加强全面的健康管理，积极开展临床综合治疗，包括对症治疗、并发症治疗和康复治疗，达到减轻患者痛苦，延缓病情进展，提高生活质量和社会参与程度，增加生存收益，延长患者寿命的目的。

2. 尘肺病治疗方法

（1）健康管理

1）职业病登记报告，按照国家法律法规的相关规定，将确诊尘肺病的患者登记在册并向卫生健康主管部门和有关部门进行职业病报告，将其纳入尘肺病健康管理体系，以便及时掌握患者的相关信息，随时了解病情，并安排职业健康监护和必要的追踪。

2）加强尘肺病患者健康管理，使其及时脱离粉尘作业，适当安排工作或休息。

3）参加健康监护。尘肺病是慢性进展性疾病，根据国家《职业健康监护技术规范》（GBZ 188—2014）的规定，用人单位应当安排尘肺病患者参加定期健康检查。

4）尘肺病患者应加强自我健康管理能力，通过戒烟、避免与生活性粉尘接触，加强营养和养成健康良好的生活习惯、积极预防感冒和肺部感染，延缓病情发展。

（2）综合治疗

1）对症治疗。尘肺病临床表现以咳嗽、咯痰、胸闷、气喘为主，应予以药物治疗。

如止咳、平喘、祛痰等支持疗法；呼吸困难和缺氧时需考虑控制性氧疗。

2）并发症的治疗。积极治疗慢性支气管炎、支气管扩张、肺气肿等并发症。

3）康复治疗。采取多种康复治疗相结合的方式，延缓病情进展，增强患者抗病信心。

（3）抗纤维化治疗。专家基本共识认为：尘肺病已经形成的肺组织纤维化是没有办法消融的。但尘肺病是个慢性疾病，其发病机制仍不完全清楚，可以肯定的是尘肺病发病是一个非常复杂的病理过程，随着医学科学的进步和研究的深入，积极探索和开展以延缓或阻断肺组织纤维化进展的药物治疗有其现实和理论意义。常用的药物如汉防己甲素可使细胞分泌前胶原的功能减弱，胶原的合成受阻，并使肺胶原纤维松散、降解等，故长期以来一直用于尘肺病的治疗。

（4）肺灌洗。通过对尘肺病患者的综合治疗，达到延缓病情进展，减轻病人痛苦，延长病人寿命，改善和提高尘肺病患者的生活、生命质量的目的，使尘肺病患者的寿命达到健康人群的预期寿命。

（5）外科干预。肺移植可提高慢性阻塞性肺病（COPD）患者健康状况和功能，但并不能延长患者生存期。肺移植可以改善间质性肺病患者的生活质量，提高生存率，但文献报道 5 年内生存率仅为 50%～56%。尘肺病是一种慢性病，在没有严重并发症的情况下，对生存寿命影响不大。鉴于肺移植后生存收益的有限性及其他影响因素，故对尘肺病患者重点是做好健康管理和综合治疗。除个别特殊病例，在严格掌握适应证、认真评价手术对患者生存收益的情况下可以考虑外，正常情况不建议把肺移植作为治疗尘肺病的选择。

二、肺灌洗治疗

肺灌洗治疗是针对尘肺病患者始终存在着的粉尘和巨噬细胞性肺泡炎而采取的治疗措施。如果能通过早期肺灌洗排出患者肺泡内沉积的粉尘和大量分泌的能致纤维化介质的尘细胞，可以改善症状。但没有证据表明肺灌洗对改善肺功能，特别是对肺纤维化有明确的治疗效果。肺灌洗示意图如图 5-1 所示。

1. 肺灌洗治疗的原理

大容量肺灌洗治疗可以排出一定数量的沉积于呼吸道和肺泡中的粉尘及在粉尘刺激下形成的与纤维化有关的细胞因子，同时灌洗可使滞留于呼吸道的分泌物排出，有明显改善临床症状的效果。大容量灌洗仅可以用于尘肺前期和轻型尘肺病患者。对于大多数尘肺病患者的治疗重点应放在综合治疗上。

2. 肺灌洗治疗后注意事项

（1）肺灌洗后一周内应注意休息、保暖、预防感冒。

（2）为巩固疗效，应减少刺激，增强免疫力并禁烟、酒。

（3）灌洗后半年至一年内拍胸片并做肺功能复查。

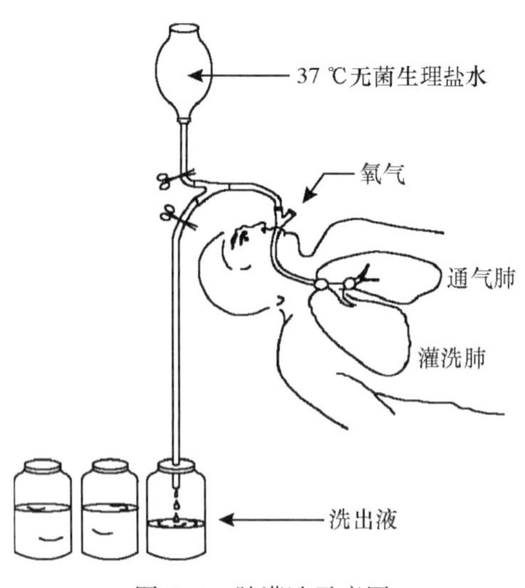

图 5-1 肺灌洗示意图

三、尘肺病并发症的治疗

1. 尘肺并发肺结核

尘肺病并发症名单中，肺结核被排在首位。多年来流行病学调查和临床实践表明，尘肺并发肺结核是尘肺病患者丧失劳动能力和死亡的主要原因之一。凡未经过系统正规治疗的结核纤维硬结灶，不能视为结核稳定期或自愈。在某种特定的条件下，结核可重新活动。当尘肺病患者步入老年后，一些看似稳定、自愈的结核病灶也可再次活动。因此，结核病需进行系统正规化疗。

（1）结核病的治疗原则。1963 年及 1978 年，全国结核病学术会议上总结国内外化学治疗的经验，并制定了治疗的原则，即早期、联合、规律、全程、适量。至今，此五大原则依然适用。

1）早期。早期结核病变时，肺泡内病变局部血供良好，有利于药物渗入而达到有效的组织浓度而发挥杀菌活性。且早期活动病变内结核杆菌易被杀灭，可明显缩短传染期。

2）联合。联合用药对结核杆菌可达到补充、全方位的杀灭作用，以提高治愈率，减少耐药性产生，减少复发。

3）规律。为了维持有效的血药浓度，规律用药是十分必要的，不同抗结核药物对结核杆菌的延缓生长期作用长短不一，长则 5～10 天，短则 2～3 天，有些药物则无此作用，因此必须规律用药。

4）全程。结核病短程化疗的疗程不是以人的主观意志为转移的，要确保全程治疗，防止治疗失败或复发。

5）适量。为了发挥药物的最大作用，达到有效的血药浓度，而不产生或产生最小的副反应，药物必须适量使用，还要考虑病人的年龄、体重、肝肾功能以及其他多种因素，此外还要认识到药物间可能发生的相互作用。

（2）推荐的治疗方案

1）初治方案。异烟肼 H、利福平 R、乙胺丁醇 E、吡嗪酰胺 Z（加或不加链霉素 S）联用，强化治疗 3 个月，异烟肼 H、利福平 R、乙胺丁醇 E 巩固治疗 9~15 个月，总疗程 12~18 个月。

2）复治方案。尽量选用敏感药物，强化期不少于 5 种药物，巩固期 3~4 种药物，强化期以 3~6 个月为宜，总疗程为 18~24 个月（叁期患者建议 24 个月）。

（3）预防尘肺结核的意义。肺组织纤维化是一个渐进性进展的病理过程，发病后即使脱离接触粉尘，病情也会继续进展。尘肺易并发肺结核已成定论，尘肺并发肺结核后二者病变加重恶化。对尘肺病患者给予预防性抗结核治疗，在降低尘肺结核发病率的同时，抑制由于尘肺结核加速肺组织纤维化进展过程，是提高尘肺病患者的生活、生命质量的一项重要保护措施。

2. 尘肺并发呼吸系统感染

尘肺并发肺部感染所引起的或序贯发生的肺源性心脏病急性加重、呼吸衰竭、多器官功能衰竭是住院尘肺病患者的重要死亡原因。

（1）合理氧疗。尘肺并发慢性阻塞性肺病患者必须进行控制性氧疗，以避免出现氧源性高碳酸血症。吸氧流量从 1~2 L/min 开始，吸入氧浓度控制在 35%以内，使动脉血氧分压达到 60 mmHg 以上，动脉血氧饱和度达到 90%为合理氧疗目标。

（2）解痉排痰改善通气

1）尘肺并发肺部感染后，呼吸道分泌物增多，滞留在肺部的痰液是细菌良好的培养基，并加重原已存在的通气功能障碍。呼吸道痰液排出不畅，往往是抗菌素治疗失败、导致尘肺病患者肺感染死亡的原因之一。

2）解痉祛痰药物的应用，有利于解除支气管痉挛，稀释痰液，利于痰液排出，提高尘肺并发肺部感染的抗生素治疗效果。当痰液黏稠，咯痰困难，祛痰剂口服效果不好时，可通过压缩雾化装置给药，以达到湿化和降低痰液黏稠度、促进排痰的效果。对于重症尘肺肺感染患者，可通过翻身、扣背、体位引流来促进痰液排出。具体措施有：①鼓励咳嗽；②体位引流；③人工协助排痰；④导管吸痰；⑤气管插管或气管切开排痰等。

3）慎用止咳剂。

（3）保护心功能。对并发肺源性心脏病及其他心脏病的尘肺病患者，肺部感染可以是心功能恶化的诱因，在积极抗感染的同时应注意保护心功能。

（4）营养支持。对尘肺肺感染患者应给予足够的营养支持，有助于提高机体抗感染的能力。

（5）抗生素的应用。及早发现，合理用药，合理选择抗生素，把握用药时机和疗程。适当使用皮质类固醇激素，配以解痉化痰药物，尽早控制感染，降低患者死亡风险，提高患者的生存质量，延长生存期。

3. 尘肺并发慢性肺源性心脏病

尘肺并发肺源性心脏病的治疗不能仅限于缓解症状，必须采取综合治疗措施，达到解除感染等诱因，改善呼吸困难、疲劳等症状，改善生活质量，改善预后，降低死亡率的目的。

具体治疗措施包括：氧疗，控制呼吸道感染，保持呼吸道通畅，使用祛痰药物、镇咳药物、支气管扩张剂、呼吸兴奋剂、肾上腺皮质激素，控制心衰、积极治疗重要并发症等。

4. 尘肺并发呼吸衰竭

临床上许多重症疾病包括尘肺病均可导致呼吸衰竭，呼吸衰竭实际上是一个综合征，而不是一个疾病。急性或慢性呼吸衰竭也是临床上危重患者死亡的一个重要原因。

尘肺急性呼吸衰竭或慢性呼吸衰竭急性期的治疗原则是：纠正威胁生命的低氧血症，使动脉血氧饱和度>90%；纠正威胁生命的呼吸性酸中毒，使 pH 值>7. 2；治疗原发病；防止和治疗并发症。此外，应注意营养支持治疗。

5. 尘肺并发气胸

尘肺病患者由于尘性支气管炎、尘性病变及广泛纤维化伴发肺气肿和肺大泡，导致脏层胸膜破裂，空气通过裂孔进入胸膜腔，产生胸腔内积气而形成气胸。尘肺气胸是尘肺常见的、严重的并发症。

尘肺气胸的治疗目的是促进患侧肺复张、消除病因及减少复发。治疗的具体措施应根据气胸的类型与病因、发生频次、肺压缩程度、病情状态及有无并发症等适当选择。

（1）保守治疗。保守治疗主要适用于症状较轻的小量气胸患者，常无症状或只有轻微症状，不需抽气。患者应卧床休息，尽量少讲话，使肺活量减少，以利于气体吸收，并酌情给予镇静、止痛、止咳等处理。一般认为肺萎缩小于 20%者，胸腔内气体大都在 2~4 周内被吸收，但需密切观察病情变化，尤其当气胸发生 24~48 h 内时，应警惕气胸扩大。尘肺气胸不宜用强镇咳剂，以防发生呼吸衰竭。

（2）胸腔穿刺抽气。胸腔穿刺抽气可加速肺的复张，并可迅速缓解症状。尘肺继发性气胸常因胸膜粘连及多个肺气肿泡等原因，使气胸分房分隔或局限于中下肺部，此时应结合胸透或胸片，在准确定位后穿刺，而不可在常规部位盲目进行穿刺。

（3）胸腔闭式引流术。胸腔闭式引流术适用于不稳定型气胸、呼吸困难明显、肺压缩程度较重、交通性或张力性气胸反复发生的患者。

（4）胸腔镜。胸腔镜适用于心肺功能尚可，但反复多发气胸，或经胸部 CT 证实胸膜表面为多发肺大泡、多房性气肿等，或长期胸腔积液诊断不明确患者。

四、尘肺病患者的预防保健工作

1. 生活保健

在饮食上，尘肺病患者以老年人居多，应给予富含营养、易消化的食物。增加优质高蛋白饮食如蛋类、奶类、瘦肉等的摄入，食物多样化，保证其他营养元素的摄取，蛋白质、脂肪、碳水化合物三者的合理供应比例应为 2∶3∶5。

在睡眠上，尘肺病患者喘憋重，当夜间居室过于密闭，空气不流通，空气中氧含量下降时，可加重尘肺病患者夜间睡眠时的呼吸困难，所以居室要有适当的空气流通。尘肺病患者大多有低氧血症，且由于夜间迷走神经兴奋、呼吸减慢、肺部通气功能下降，因此低氧血症会有所加重，对住院尘肺病患者，应吸入低浓度氧入睡，这对保护心、肺、脑都是有好处的。

在运动上，尘肺病患者可以做一些力所能及的运动，病情比较轻的患者可以练习太极拳；病情比较重的患者，学会腹式呼吸，对改善呼吸困难非常有益处。

2. 预防感冒

由于尘肺病患者全身免疫力低下，对细菌和病毒等外来微生物的抵抗力弱，每逢天气寒冷或急剧变化时，往往容易发生感冒或呼吸道感染，即使早期尘肺病患者，也比一般健康人容易发生感冒。而晚期尘肺病患者，可能在洗头、换衣服时就会感冒。因此对晚期尘肺病患者，特别是高龄晚期尘肺病患者，更应该呵护备至。尘肺病患者并发感冒后，气短和咳嗽显著加重，痰量增多，咯出白色黏痰或黄色脓黏痰，体温也可升高。经常感冒和呼吸道感染对尘肺病有不利影响，并可降低肺的通气功能。为了防止感冒和呼吸道感染的发生，患者平时起居应当注意寒暖，一早一晚或气温下降时应适时添加衣物，尤其注意颈部的保暖，因为颈前部气管是最薄弱的人体组织，冷空气刺激导致局部免疫功能降低，更容易着凉感冒。同时患者应注意适当锻炼身体和增加营养，以增强体质。避免与患有感冒的病人接触。另外，尘肺病患者在感冒初期就应该积极服用治疗感冒的药物，如感冒清热冲剂、银黄颗粒等药物，以期尽快治愈。

3. 戒烟

众所周知，吸烟对健康的损害十分严重。吸烟可以促进慢性呼吸道的一些疾病。每天吸烟 25 支以上者，患肺癌的危险性要比不吸烟的人高 20 倍。大量的调查资料表明，吸烟同样能加重从事接尘作业工人的健康危害。现在已经证明吸烟的煤矿工人患尘肺病和肺气肿的机会明显超过不吸烟的煤矿工人；不吸烟的工人，即使得了尘肺病，对肺功能的影响也比吸烟的工人患尘肺病时轻得多。吸烟和粉尘也有协同作用，有吸烟嗜好的工人，呼吸系统疾病的发病率要比不吸烟的工人高 3~5 倍。接尘作业工人吸烟与接尘引起慢性支气管炎有相加作用，有人分析吸烟会加重尘肺肺源性心脏病，停止吸烟就可减轻肺功能衰退，因此，尘肺病患者改变吸烟的不良习惯，对改善预后是十分重要的。

4. 口腔卫生

尘肺病患者应养成早晚刷牙的习惯，尤其睡前应仔细地刷牙、清洁口腔，因为大量研究证实，夜间睡眠时，口腔的分泌物可以误吸到下呼吸道，口腔分泌物中的细菌可以成为肺部感染细菌的来源。同时患者还要积极治疗上呼吸道慢性病灶，如龋齿、化脓性扁桃体炎、鼻窦炎、牙槽溢脓等。口腔和胸部、腹部手术前应注意保持口腔清洁，术中注意清除口腔和上呼吸道血块和分泌物。鼓励患者咳嗽，及时咯出呼吸道异物，保持呼吸道引流通畅。昏迷患者更要注意口腔清洁，合并肺部感染时应及时使用抗生素治疗。

5. 药物预防

尘肺病易并发肺结核已成定论，尘肺合并肺结核后双方病变加重，导致结核病不易治愈，肺组织纤维化进展加速。随着尘肺病患者工作、生活环境的改善，医疗条件提高，我国的尘肺病患者已经向高龄化发展，尘肺如果不并发肺结核，患者往往能够达到一般人群的平均寿命。但是，尘肺病患者一旦并发肺结核，随着病情进展，肺功能急剧恶化，死亡年龄提前、死亡率增高。20 世纪 60 年代以来，国内外对尘肺病患者的化学药物预防是有效的，发展中国家虽尚难将药物预防作为结核控制的技术政策普遍推广，但不排除对特殊人群采取此办法。

小知识 XIAOZHISHI

尘肺病是不可逆的病变，一旦患病，康复十分困难，目前还没有一种根治的办法。因此，已经诊断为尘肺病者，第一，要立即调离粉尘作业岗位，适当安排好工作或休养；第二，开展健身疗法，坚持体育锻炼，加强营养以提高身体抵抗力；第三，重视心理治疗，帮助患者消除恐惧心理及麻痹大意思想；第四，定期对病情进行评估，积极治疗并发症。

第二节　尘肺病的康复治疗

一、尘肺病康复治疗的概念与内容

1. 尘肺病康复治疗的定义

尘肺病康复治疗是根据不同病情在患者个体化治疗中加入综合性肺康复方案，通过采取呼吸肌训练、心理干预、健康教育、合理营养等多学科综合干预措施，以期储备和改善呼吸功能，延缓病情进展，减少临床症状，减轻患者痛苦，最大限度地提高患者生活质量。尘肺病康复治疗是与尘肺临床医学治疗并重的一种系统治疗。

肺康复治疗为肺部疾病患者及其家属提供全方位的个性化服务，通常通过许多领域的专家组成指导小组，指导患者最大限度地恢复生活自理能力，使其能在社区生活中独立生存。

尘肺病对肺功能的损害是阻塞和限制的混合性损害。尘肺病会使肺扩张受限或呼吸道阻塞，肺泡通气量减少，肺和胸廓弹性阻力增大，特别是吸气时，弹性阻力增大，呼吸肌做功增加，耗氧量增加，从而引起低氧血症性呼吸功能不全，咳嗽能力下降，支气管分泌物潴留。

尘肺病康复医疗是通过准确的诊断，心理支持、宣教，提出因人而异的综合性方案，用以稳定、逆转疾病的病理生理和病理心理改变，争取患者在生理功能损害的情况下，能发挥最大的呼吸功能潜力。也就是说，尘肺病康复治疗必须尽可能地恢复可逆性损伤，改善患者的生活质量。康复治疗是临床治疗的延续，是临床医学整体的一部分。

尘肺病呼吸系统康复治疗的目标是减轻呼吸困难，主要有以下几个方面：

（1）去除或减轻气管阻塞，增加平均肺泡通气量。

（2）降低气管阻力或恢复肺和胸廓的正常弹性阻力，使呼吸肌做功和耗氧量减少。

（3）恢复咳嗽能力，促进排痰。

（4）改善呼吸功能不全对全身的影响。

这些计划能帮助患者克服对呼吸困难的恐惧，使他们恢复积极的生活态度。康复训练能使患者的呼吸功能得到很大改善。患者在自身护理和家务活动中希望变得积极、独立，当他们能够完成这些活动，可以尝试到户外甚至到社会中去承担更积极、更独立的角色，他们将能参加喜欢的业余爱好，甚至可以参加轻体力工作。

2. 尘肺病康复治疗的具体内容

（1）健康教育。通过各种形式向患者介绍疾病特点及有关知识，让患者了解尘肺病病因、病程、发展、预后和转归，认识尘肺病治疗目的、原则和主要治疗方法，熟悉氧疗和药物使用方法及注意事项，提高治疗依从性。同时，认识康复治疗的重要性、长期性，以及可获得的相关益处。

（2）呼吸肌功能康复。主要目的是增强呼吸肌功能、储备和发挥呼吸代偿潜能、增加肺活量、改善缺氧，从而缓解症状。

（3）全身康复锻炼。如户外行走、慢跑、打太极拳、气功、踏车等对增加活动能力、提高生命质量有帮助。

（4）营养支持。尘肺病患者应选择健脾开胃、清肺补肺、有营养易吸收的饮食。在给予足够热量的同时，要考虑碳水化合物、脂肪和蛋白质的适当配比，还要给予足够的维生素和微量元素。例如多食瘦肉、鸡蛋、牛奶、豆浆、豆制品等高蛋白、富含维生素和微量元素的食物，多食新鲜蔬菜和水果。

（5）家庭氧疗。对于呼吸功能严重受损的患者，可进行家庭氧疗，给氧浓度为25%～30%，每天吸氧 2 h，要注意用氧安全。

（6）心理康复。尘肺病病程长，患者普遍存在焦虑、恐惧、孤独、寂寞、自卑、自责情绪，易产生抑郁、悲观等不良心理。有条件的可由心理治疗师专人辅导，临床医生也应该具备开展心理康复的基本知识。定期开展形式多样的活动，通过讲座、宣传手册、示范指导、患者之间交流鼓励、学习新知识和新的训练技能等方法减轻或消除不良情绪，增强患者战胜疾病的信心。

二、尘肺病康复治疗的实施措施

1. 呼吸训练方法

控制呼吸技术的目标是：①恢复横膈正常位置和功能；②通过减少气体陷闭和改进单次呼吸周期的效率以减少呼吸频率；③减少呼吸功耗；④减轻呼吸困难及患者焦虑。呼吸训练包括放松训练、恢复生理性呼吸运动形式的训练、呼吸肌增强训练及维持和扩大胸廓活动度训练。

（1）放松训练。呼吸功能障碍患者容易对活动产生紧张心理，因害怕窒息而持续用力，引起上肢、颈、肩、面部肌肉过度紧张。过度紧张会使全身耗氧，呼吸肌做功增加，进一步加重呼吸困难，形成恶性循环。因此，全身放松是呼吸运动疗法中一项重要的基本内容。在进行呼吸训练和排痰前，必须使全身放松。放松训练包括采取放松体位和肌肉放松训练。注意：进行放松训练前，应将紧缚患者身体的皮带、领带等松解。

1）放松体位。呼吸功能障碍患者通过采取舒适放松的体位可以使膈肌充分运动，从而进行有效的腹式呼吸，或部分代偿因膈肌运动减弱或丧失所致的通气障碍。如下肢抬高时取仰卧位和半卧位使腹肌放松，有利于膈肌下降、腹部膨隆；前倾坐位或立位时，患者双上肢支撑于腿上、床边或桌面上，其目的均为固定肩胛带，将胸廓向上、向外提拉，以增加胸廓容量。

2）肌肉放松训练。要确定呼吸辅助肌如颈部斜角肌、胸锁乳突肌以及肩胛带周围肌是否存在过度紧张的情况。肌肉放松训练应在安静的环境下进行。肩胛带及上胸部肌肉的放松训练方法如下：

①取坐位，耸肩，收缩所有上臂肌肉，然后慢慢放松，延长放松时间。

②取坐位，头及肩部尽量向前低（呼气），然后伸展躯干、颈部及头部（吸气）。

③取坐位，躯干保持伸展并稍前倾。手指置于肩上做环绕肩部运动，吸气时向前、向上，呼气时向后、向下。

④取坐位，双脚分开，躯干伸展，双手放在膝上。左侧上肢外展，躯干向左旋转，同时吸气，然后放松呼气，恢复至起始位姿势。以同样动作完成向右旋转的动作。

⑤取立位，双脚分开，吸气时双臂上举，呼气时躯干及上肢向左侧弯曲，再回复直立位，随后双上肢向下方摆动。每侧重复 3~4 次。

⑥取立位，双脚稍分开，吸气时，双臂向前摆动与肩同高，呼气时，向后摆动并逐渐弯曲髋、膝关节和脊柱，与上肢摆动协调一致，直至半蹲位呼气结束。

（2）恢复生理性呼吸运动形式的训练

1）腹式呼吸。腹式呼吸指吸气时让腹部凸起、呼气时腹部凹入的呼吸方法，是人体正常情况下最有效的呼吸形式。尘肺病患者无正常的腹式呼吸形式或比较微弱，致使肺通气量减少。腹式呼吸有利于肺的再膨胀，防止出现肺不张。因此，加强或重建生理性的腹式呼吸，减少或抑制动用辅助呼吸肌是慢性阻塞性肺病以及限制性通气功能障碍康复的重要目标。

腹式呼吸方法：掌握用鼻吸气、用嘴呼气的自然换气模式，自然呼气结束转换成吸气前，使腹部膨隆完成吸气动作，当达到最大吸气位时，用嘴自然地呼气，在呼气过程中收缩肋弓，呼气结束时腹部下沉，随之用鼻自然的吸气。如图 5-2 所示。

需要注意的是，呼吸要深长而缓慢，尽量用鼻吸气，用口呼气；一呼一吸掌握在 15 s 左右，即深吸气（鼓起肚子）3~5 s，屏息 1 s，然后慢呼气（回缩肚子）5~8 s，屏息 1 s，每次 5~15 min，做 30 min 最好，每天练习 1~2 次。身体好的人，屏息时间可延长，呼吸节奏尽量放慢加深。身体差的人，可以不屏息，但气要吸足。

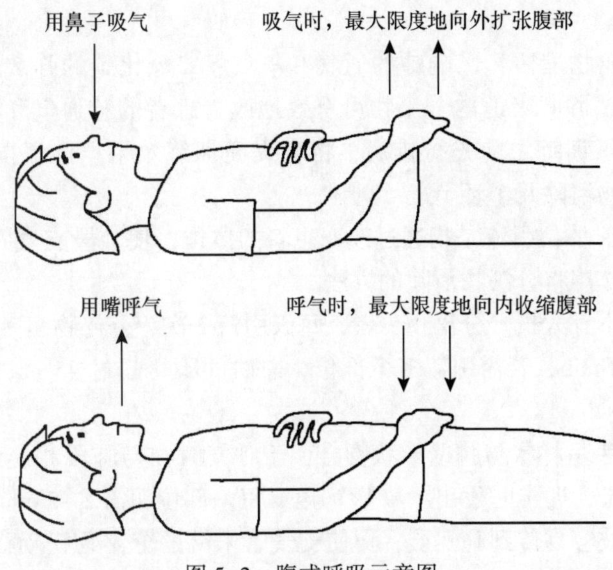

图 5-2 腹式呼吸示意图

2）缩唇呼吸。缩唇呼吸是指吸气时用鼻子、呼气时嘴唇呈缩唇状施加一些抵抗，慢慢呼气的方法。在平静呼气末时将嘴唇紧缩，以增加呼气时的阻力，使支气管内保留一定的压力，用以防止细支气管过早闭合或塌陷，从而使肺泡内气体排出量增加、肺内残气量减少。如图 5-3 所示。

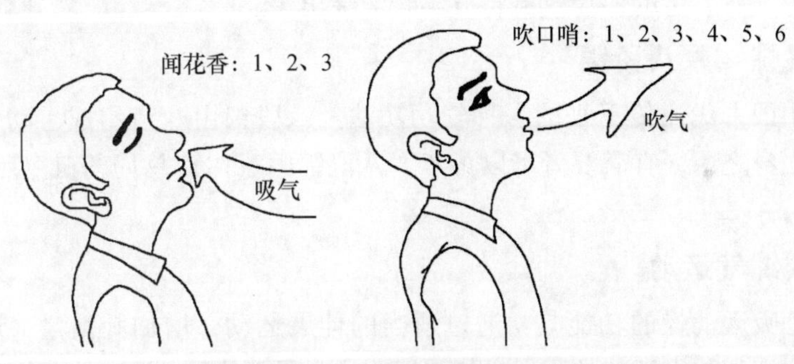

图 5-3 缩唇呼吸示意图

缩唇呼吸方法：吸气时紧闭嘴用鼻子吸气；呼气时缩唇轻闭（称吹口哨状态），慢慢呼出气体。吸气和呼气时间的比例在 1∶2，慢慢地以吸气和呼气达到 1∶4 作为目标。每天练习 3~4 次，每次 15~20 min，吸气时默数 1、2、3，呼气时默数 1、2、3、4、5、6，逐渐延长呼气时间，降低呼吸频率。

（3）呼吸肌增强训练。吸气时施加阻力，使吸气难度加大，使吸气肌（膈肌）做抗阻力运动，可将手置于腹部，并向下施加压力，在腹式呼吸吸气的同时做全运动范围的最大抗阻力运动，重复 10 次，也可将沙袋置于腹部进行抗阻力运动。这种呼吸训练简单易行，且疗效明显，是临床中常用的方法。

2. 排痰技术

支气管腔内分泌物潴留，影响肺的通气和氧气、二氧化碳的弥散。利用分泌物清除技术（排痰技术）清除呼吸道内分泌物可有效地改善患者的肺通气和气体交换功能，在进行呼吸训练或有氧训练之前先行排痰，将会提高训练效果。排痰技术包括体位引流、叩击、振动及分泌物清除几个环节。

（1）体位引流。体位引流是指通过改变患者的体位，使肺段支气管与主支气管垂直，利用分泌物的重力作用将分泌物清除的方法。

体位排痰时间不宜太长。分泌物少者，每天引流 2 次，分泌物多者，每天可引流 3~4 次，每个部位 5~10 min，若需引流多个部位，总时间不得超过 45 min。引流应在饭前进行。

（2）叩击法。手呈杯状与胸壁形状吻合，于呼气时在与肺段相应的特定胸壁部位进行有节律地快速叩击，叩击时发出“嘭嘭”声，每一部位叩击 2~5 min。手呈杯状进行叩击，使空气的振动波容易传到肺实质，促使支气管末端的分泌物松动，进入支气管腔内。叩击与体位引流相结合，将使排痰具有方向性和有效性。

（3）振动法。深吸气后，在呼气的同时用手对胸廓进行快速、细小地弹性压迫，每一部位振动 5~7 次。振动法有助于纤毛系统清除分泌物，常用于叩击法之后。

（4）分泌物清除。通过体位引流、叩击及振动等方法，使分泌物松动并移至气管后，咳嗽是清除气管内分泌物最常用的方法，患者深吸气后突然收腹、大声咳嗽、张嘴呼气，借助于有力地呼气所产生的快速气流将分泌物清除出去。

3. 康复锻炼——八段锦

八段锦是中国古代流传下来的一种气功功法。八段锦由八节组成，动作柔缓，简单易学，有治病强身之用。有需要者可以参考“八段锦国家体育总局的口令版”，对照视频自我学习锻炼。

4. 十三式练气运动

物理治疗呼吸运动操的功能是：通过适当的伸展运动，增加肺活量，运动时配合呼吸，可以减少痰液和肺内废气的积聚，加强肌肉力量及肌肉耐力。

第一部分的呼吸练习可以令呼吸更加顺畅，然后再做第二部分运动，由“轻”至“重”，配合呼吸去做。当气喘严重时，应适当休息，减少练习次数或用回气姿势。

第一部分：呼吸练习

放松噘唇呼吸法：合嘴，鼻子吸气，吸气时找到横膈膜位置，一只手置于胃部（肚脐上，肋骨下），收缩肩膀，吸气胃部胀起，噘嘴呼气。呼气时间为吸气的 2~3 倍。

第二部分：十三式练气运动

原则：①配合呼吸方法；②协调呼吸，避免忍气；③动作快慢要配合呼吸速度，切忌过快；④扩腔动作配合鼻吸气，收缩胸肺动作配合噘唇呼气。

（1）脖子运动

第一式：望天望地。抬头，鼻子吸气；垂头，噘嘴呼气。做 5 遍。

第二式：侧头。头望前方，鼻子吸气；头向左倒，噘嘴呼气。另一边同理。做5遍。

第三式：左转右转。头望前方，鼻子吸气；转向左边，噘嘴呼气。另一边同理。做5遍。

(2) 肩膀运动

第四式：提起来，放下去。提起肩膀，鼻子吸气；放松肩膀，噘嘴呼气。做5遍。

第五式：运转乾坤。手置于肩膀上，手肘向前、向上，鼻子吸气；手肘向后、向下，噘嘴呼气。做5遍。

第六式：安枕无忧。十指交叉置于头后，手肘先合上，打开手肘，鼻子吸气；手肘合上，噘嘴呼气。做5遍。

第七式：顶天立地。双手十指交叉，手往上，鼻子吸气，反手顶天；打开双手自然从两旁落下，噘嘴呼气。做5遍。

(3) 腰骨运动

第八式：龙虾弯腰。坐姿，挺直腰骨，鼻子吸气；弯腰向下，噘嘴呼气。做5遍。

第九式：举竹轻重。道具：伞、木棍或其他中间可捆绑重物的棍状物。坐姿，举竹向上，鼻子吸气；放下来，噘嘴呼气。做5遍。

第十式：举竹轻重加转腰（左边）。坐姿，手握竹子向上，转腰向左，鼻子吸气；回来放下，噘嘴呼气。做5遍。

第十一式：举竹轻重加转腰（右边）。坐姿，手握竹子向上，转腰向右，鼻子吸气；回来放下，噘嘴呼气。做5遍。

第十二式：大鹏展翅。坐姿，手握重物交叉，举手，手向两侧打开，鼻子吸气；双手交叉回来，噘嘴呼气。做5遍。

第十三式：开门见山。坐姿，手握重物，向两侧抬起，鼻子吸气，于肩同高后向胸前合上，噘嘴呼气；反手打开，鼻子吸气，与肩为同一直线后，向两侧放下，噘嘴呼气。做5遍。

第三部分：回气姿势

坐姿，放松肩膀，双手放于膝盖，鼻子吸气，噘嘴呼气。调整呼吸。

第四部分：清痰方法

把气管打开，把痰慢慢移向喉咙，用鼻子慢慢吸足气，然后身体内部发力将痰咯出来。咯四次需要休息，可配合喝水或者喷剂咯痰。

三、心理康复治疗

1. 心理康复的重要意义

心理康复是运用系统的心理学理论与方法，从生物—心理—社会角度出发，对患者的损伤、残疾和残障问题进行心理干预，以提高患者的心理健康水平。心理康复对于帮助患者恢复身体功能、克服障碍，以健康的心理状态平等地参与社会生活具有十分重要的意义。

心理康复的意义主要体现在以下三个方面：

第一，由于身体或心理原因而出现的人格变化，可能会伴随其后的人生历程。人格变化可能导致生活危机或其他精神危机，需要心理干预才能使患者勇敢地面对现实和未来发展，因此心理康复扮演着重要的角色。

第二，患者的一些生理功能异常或障碍也可以使用心理方法加以控制。

第三，患者由于身体机能的损伤会产生情绪和其他一些心理变化，这些均需要心理康复治疗以保持身心健康。

2. 尘肺病患者的心理康复和互助

（1）乐观积极。大部分尘肺病患者都有一个共同心理，认为自己已患上了绝症，无可救药，心理压力很大。尘肺病患者如果能坚持适当的康复运动和治疗护理，活到与正常人相近的年龄并不难。相反，整天心情抑郁、精神萎靡，身体各方面的机能就会降低，抵抗力也会减弱，身体状况就会越来越差。

有些患者的确需要面对很多实际的问题，如经济压力、无人照顾、遭受歧视等，这些物质和心理压力确实是难以承受的。但是，事已至此，我们必须调整心态，如果负面情绪过重，对病情的控制会产生不利的影响。

无论环境如何，不必过于在意别人的看法，以积极、乐观的心态与家人、可信任的朋友一起，勇敢地面对。

（2）控制脾气。有些患者因为精神和心理的压力，脾气变差，导致家庭关系紧张。患者要学会管理自己的情绪，对困难的状况要理性分析，了解问题症结所在，寻求相关部门、法律人士的帮助，多了解自己的病情，做好日常护理、康复运动和治疗等。可以通过外出散步，在新鲜的空气和另一个环境中，让自己的心情慢慢地平静、放松。用理性分析事物，用平常心来康复，用爱心对待家人，用微笑度过每一天。

（3）让家中充满爱。患者要学会释放自己的忧愁情绪，否则，心理压力只会越积越重，病情也会更重。而且，这会让家人和身边的朋友越来越不了解自己，造成和家人朋友之间的隔阂。

良好的沟通可以增加互相了解，减少不必要的误会冲突，对自己的病情也有帮助。患者要注意自己的说话用词、声调、场合是否适当，也不要害怕让家人了解我们的烦恼不安，只是表达情绪时要顾及对方的感受，大家互相理解，才可以更好地互相支持。

尘肺病并没有那么可怕，通过持续的康复和治疗，大部分的患者病情可以得到缓解或控制。所以，不要被对疾病盲目的恐惧打垮了家庭，家人的爱护和支持是十分宝贵的。

（4）病人互助。人不是孤立的个体，人类的可贵之处就是能够在患难之中互相帮扶，互相关怀鼓励，共同奋斗、克服困难、砥砺前行。患者可以参加一些病友互助小组。通过不同类型的活动，增强法律、医疗、身心康复和生活知识，了解更多有关工人、长期患者和公民的权益及患病后与家人相处的经验等，都可以帮助我们提高解决问题的能力。

目前，在世界上不同的地方都有患者的互助组织，由相同疾病的患者或家属组成，患者通过互相探访、关怀，交流康复心得，凝聚在一起，形成一个互助的网络，合力改善患者的生活质量，也可提升患者和家属的信心和自主能力。除了对自身的权益和福利的关注，患者也增加了对于整个群体的关注，因为个人的力量很微薄，患者需要互相帮助，用过来人的身份来帮助同病相怜的人，共同改善大家的未来。

虽然患上尘肺病使患者的社会地位、家庭角色有所变化，患者可能不适应，但是，如果可以和家人以及好友一起商量、一起面对，调整生活目标和方式，患者就可以面对困境、积极生活。

小知识 XIAOZHISHI

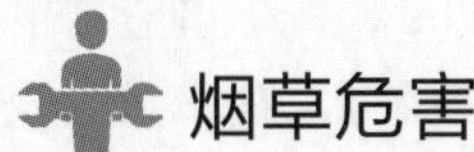

烟草危害

1. 为什么要说服尘肺病患者改变吸烟的不良习惯?

尘肺病患者必须戒烟。吸烟对人体呼吸系统的危害最早、最严重，而吸烟对于尘肺病患者的危害更是雪上加霜。它能加重患者的症状，引起各种并发症，故不能停留在社会人群对戒烟的认识水平上。接尘工人吸烟与粉尘在引起慢性支气管炎上有相加作用，吸烟会加重尘肺病患者肺源性心脏病的病情。停止吸烟，可减轻肺功能的衰退，因此，尘肺病患者要改变其吸烟不良习惯，这对改善病情和预后是十分重要的。

2. 烟草烟雾中有哪些有害成分?

烟草燃烧时释放的烟雾中含有 3 800 多种已知的化学物质，绝大部分对人体有害，其中包括一氧化碳、尼古丁、胺类、腈类、醇类、酚类、烷烃、醛类、氮氧化物、多环芳烃、杂环族化合物、羟基化合物、重金属元素、有机农药等，范围很广，它们有多种生物学作用，对人体会造成多种危害。

尼古丁又称烟碱，是一种无色透明的油状挥发性液体，具有刺激的烟臭味。尼古丁是主要的成瘾源，纸烟烟雾中的尼古丁只需 7.5 s 就可以达到大脑，会给吸烟者带来一种轻柔愉快的感觉，它可使中枢神经系统先兴奋后抑制。尼古丁在血浆中的半衰期为 30 min，当尼古丁低于稳定水平时，吸烟者会感到烦躁、不适、恶心、头痛并渴望吸一支烟以补充尼古丁。一支香烟中尼古丁含量随烟叶质量和加工工艺而不尽相同，一般每支含 1.5~3 mg，吸烟时约 25%的尼古丁被燃烧破坏，5%残留在烟头内，50%扩散到空间，真正被人体吸收的尼古丁只有 20%。所以有的人一天吸一盒烟也未出现中毒现象，但尼古丁对人体许多器官的刺激损害作用却是日积月累的。

一氧化碳是一种无色无味的气体，人们常说的煤气中毒就是指一氧化碳中毒。一氧化碳与血红蛋白的亲和力比氧气高 300 倍，当人们吸入较多的一氧化碳时，一氧化碳与血红蛋白结合，形成大量的碳氧血红蛋白，而氧合血红蛋白大大减少，造成组织和器官缺氧，进而使大脑、心脏等多种器官产生损伤。每支烟燃烧时可产生一氧化碳 20~30 mg，若许多吸烟者聚集在拥挤且不通风的房间内，空气中的一氧化碳浓度可达 0.05%，接近发生煤气中毒的浓度。正常情况下，人体内碳氧血红蛋白的浓度<0.5%，而吸烟严重者体内的碳氧血红蛋白可高达 15%~20%，也就是说，有 15%~20%的血红蛋白丧失了输送氧气的功能，从而导致缺氧。

烟焦油是一种棕黄色且具黏性的树脂，俗称“烟油子”。烟焦油含多种致癌物，而且可附着于吸烟者的气管、支气管和肺泡表面，产生物理、化学性刺激，损害人体的呼吸功能。

苯并［a］芘是强致癌物，它还存在于煤、石油、天然气中，但可被大气稀释，而香烟中的苯并［a］芘被吸烟者直接吸入或弥漫于室内，浓度很高。燃烧一包香烟可产生 0.24~0.28 μg 的苯并［a］芘。调查结果表明，空气中的苯并［a］芘含量每增加 1 μg/1 000 m^3，就会使肺癌发病率增加 5%~15%。

卷烟烟雾中含有放射性同位素，吸烟时可被吸入肺中并沉积于体内形成内照射。它们不断放出射线，长期损害肺组织。一个每天吸 20 支烟的人，一年吸入的放射性元素的辐射量，相当于吸烟者一年拍了 300 张 X 线胸片。

烟草烟雾中含有多种刺激性化合物，其中有氰化氢、甲醛、丙烯醛等。如 1 支无过滤嘴卷烟可产生丙烯醛 45 μg、氰化氢 100~400 μg，它们破坏支气管黏膜，并减弱肺泡巨噬细胞的功能，使肺和支气管易发生感染。

烟草中还含有砷、汞、镉、镍等有害金属。

烟草中尚含有多种有害成分，如致癌物质二甲基亚硝胺、甲基乙基亚硝胺、二乙基亚硝胺、亚硝基吡咯烷、联氨、氯乙烯、尿烷等，促癌物质甲醛、苯醇、脂肪酸等。

烟草烟雾中的有害成分，称得上是个可怕的冷面杀手，每位吸烟者都应该警惕，尽早放弃烟草，选择健康。

3. 家庭氧疗

家庭氧疗，顾名思义就是对需要长期氧疗的病人在家庭中给氧，它的适应证有很多。目前常用的家庭氧疗装置有氧气袋、氧气瓶、压缩氧气筒、家庭制氧机、液氧罐。液氧罐便于携带，适合外出供氧，供氧时间为 6~8 h。氧气袋携带比较方便，但容量有限，有时需每天充气。氧气瓶携带不便，但容量较大，调节流量也比较方便，目前可随时送氧上门，是比较方便使用的家庭氧疗仪器。

家庭氧疗需要注意的事项：

（1）吸氧时间。一般来说，尘肺病并发慢阻肺患者每天吸氧时间需 10~15 h。若采用鼻导管吸氧，建议每次吸氧 30~60 min，若采用密闭双管面罩吸氧建议每次吸氧 15~30 min。为了保证输出氧气的湿度，湿化瓶内应加 1/2 的纯净水或蒸馏水，且每日更换一次；管道和湿化瓶应每周消毒一次；吸氧前要用棉签蘸清水清洁鼻孔，注意不要把棉花掉在鼻孔内。

（2）吸氧流量。将氧气流量控制在 1~2 L/min 即可，切不可认为流量越大越好。这是因为很多慢阻肺患者都伴有二氧化碳增高，高流量吸氧反而会加重患者的二氧化碳蓄积，引发肺性脑病。

（3）家人陪伴。吸氧过程中家人要多巡视、多检查。防止输氧管打折、扭曲，还要密切观察用氧效果，观察患者呼吸是否平稳，呼吸频率、呼吸深度是否正常，脉搏是否较前减缓，精神状态是否有好转，发绀是否有减轻或消失等。必要时可定期到医院进行动脉血气分析以判断疗效。

（4）确保安全。要注意氧疗安全，吸氧时周围不得有火源，应距离明火至少 5 m 以上，距暖气片 1 m 以上，还要注意防油防振。

第六章　尘肺病工伤保险

第一节　工伤保险制度

一、工伤保险制度的作用

工伤保险制度是社会保险制度的重要组成部分，人们常提到的“五险一金”中就包含了工伤保险这一项。工伤保险制度是指由用人单位缴纳工伤保险费形成工伤保险基金，对参保单位职工因工作原因遭受意外伤害或者患职业病，从而造成死亡、暂时或者永久丧失劳动能力时，给予职工及相关人员工伤保险待遇的一项社会保险制度。

对于尘肺病患者来说工伤保险制度起到了以下几点作用：

1. 保障职工的被救治权

尘肺病患者被确诊为职业病以后，首要的权利就是要得到及时有效的治疗。在职业病诊治过程中所发生的交通、医疗诊治及住院等费用，需要得到足额的支持，使职工的伤病迅速得到救治。具体由谁来救治，费用由谁来出等问题，在《工伤保险条例》中都有明确规定，为职工提供了法律依据。

2. 保证经济补偿公平公正

工伤保险制度的核心目的是给职工救治和补偿，为了体现公平、公正、科学的原则，待职工病情稳定后，按照法定程序进行劳动能力鉴定，确定伤残等级（等级由一至十级），依据等级给予职工一次性或长期性的经济补偿。

3. 确保职工得到及时康复

工伤保险制度提倡预防、治疗、康复相结合，医疗与康复并重，实行先康复治疗，后鉴定补偿的原则，一般通过康复申请，由工伤保险基金支付费用，让职工在第一时间得到康复治疗，最大化减轻伤残后遗症对生活造成的影响。同时还关注职工职业、生活、社会、心理等多方面功能的恢复与重建，减少社会资源损耗，实现社会效益最大化。

4. 支持用人单位保护职工

工伤保险制度通过工伤保险费率的确定，实行行业差别费率、单位浮动费率，促使相关单位积极预防工伤事故，以降低生产成本。但对于部分高危行业，工伤事故的发生仍在所难免。工伤保险制度使用人单位在发生工伤事故后有法可依，无论是个别的还是群体性的工伤事故，在处理的过程中均可按照制度程序办理，有效减少矛盾纠纷。对于规模较小的用人单位，发生一起较大的工伤事故即可能面临无力赔付的状况，通过参加工伤保险，可以享受工伤保险基金强大的互助性，有效控制了工伤损失波及的范围，使用人单位管理与生产迅速步入正轨。

5. 明确单位缴费国家保障

如果用人单位未缴纳工伤保险费，尘肺病患者是否还能享受到工伤保险待遇？这是大多数职工担心的问题，答案是可以享受。依据《社会保险法》第四十一条规定，职工所在用人单位未依法缴纳工伤保险费，发生工伤事故的，由用人单位支付工伤保险待遇，用人单位不支付的，从工伤保险基金中先行支付，社会保险经办机构再从用人单位追偿。即职工享受工伤保险待遇的过程不会受到影响，只是最终支付方的不同。

另外，工伤保险属于社会保险，它区别于其他商业保险，二者可以并存，但不能相互代替。工伤保险一般适用于全体公民，强调社会的公平性，以维护社会稳定为目标，是用人单位参加社会保险的一项法定义务，筹资来源于国家及单位，个人不缴费，社会保险基金由国家相关部门分别监督与管理。商业保险也包括人身意外伤害险、大病保险等各类险种，但仅适用于存在缴费关系的投保人与保险公司之间，保险资金来源于投保人的缴费，保险待遇与缴费的多少以及保险基金的运营状况直接挂钩。商业保险是部分有意愿人群在为增加或改进保险水平而参与的，可以作为一种补充，是否参加商业保险由各用人单位自行决定。

二、尘肺病患者享受工伤保险待遇的权利

1. 确诊职业病

因尘肺病患者具有特定的病史，一经发现症状就应当考虑进行职业病诊断。用人单位和有关部门应当按照诊断机构的要求，如实提供必要的资料。用人单位未在规定时间内提供职业病诊断所需要资料的，职业病诊断机构可以依法提请卫生健康主管部门督促用人单位提供。

2. 进行工伤认定

尘肺病患者拿到职业病诊断证明后，就可以进行工伤认定。用人单位应当在规定时间内为尘肺病患者申请工伤认定，用人单位未申请或申请超出时限，尘肺病患者或其近亲属也可以提出工伤认定的申请，申请时间为从确诊职业病之日起 1 年内。

3. 医疗救治及保护

尘肺病患者自认定工伤起可以在工伤定点医疗机构就医，凡符合工伤保险诊疗项目目录、工伤保险住院服务标准的，由工伤保险基金支付。从职业病确诊之日起至工伤认定完成期间，情况紧急的也可以先到就近的医疗机构救治。《职业病防治法》规定，用人单位应当为职工创造符合国家职业卫生标准和卫生要求的工作和环境，并采取措施保障职工获得职业卫生保护，且用人单位应当保障职业病患者依法享受国家规定的各项职业病待遇，必要时退出原工作岗位，妥善安置。

4. 劳动能力鉴定

职工患职业病，经治疗伤情相对稳定后存在残疾、影响劳动能力的，应当进行劳动

能力鉴定，即尘肺病患者完成工伤认定环节后可以进行劳动能力鉴定。劳动能力鉴定的等级为一至十级，依据尘肺病患者目前状况鉴定为相应的等级，按照等级领取相关待遇。鉴定完成一年后，如果尘肺病患者出现病情加重，且有了新的职业病诊断，可以申请复查鉴定。

5. 享受工伤保险待遇

尘肺病工伤职工可以享受到各项工伤保险待遇，包括治疗期间的工伤保险待遇、依据鉴定等级所享受的工伤保险待遇及其他相关的工伤保险待遇。

三、用人单位对尘肺病患者应当承担的责任

1. 工伤预防

工伤保险制度的建立是为了减少伤残与伤亡，降低工伤损失，工伤预防的意义远胜于工伤救治。用人单位应当积极落实《安全生产法》及《职业病防治法》，从工作场所、配套设施及工作过程的各个环节入手，建立完整的预防机制和监督检查机制，促进工伤保险制度的可持续发展和良性循环，使用人单位和职工长期受益。

2. 按时缴费并全面告知

用人单位应当按时缴纳工伤保险费，职工个人无须缴纳工伤保险费。用人单位应按照行业差别费率缴纳工伤保险费。国家根据不同行业的工伤风险程度确定行业的差别费率，并根据用人单位工伤保险费使用、工伤发生率等情况在每个行业内确定若干费率档次。

用人单位按照规定参加工伤保险，并将缴费参保的情况在单位内进行公示，接受职工监督。公示内容应翔实，包括缴费对象的姓名、缴费数额、缴费时间等。个别用人单位为节约运营成本设法规避参保，或对职工隐瞒参保情况，但当发生工伤后，职工仍可依据《工伤保险条例》的规定自行申请工伤认定，通过劳动仲裁及相关法律部门维护自己的合法权益。《社会保险法》《社会保险费征缴暂行条例》均对用人单位参保、缴费及告知的责任作出了明确规定，用人单位如有法不依则难以免除相关罚责。

3. 积极救治

工伤保险保障的前提是要在职工发生工伤或职业病时能够得到及时的救治，工伤发生的场所主要是在用人单位，用人单位承担着及时救治的责任。伤病情较轻的职工可以送到内部或就近的医疗机构进行救治，对于受伤较重的职工则必须及时稳妥地送到有关医疗机构进行抢救。同时，用人单位应当有应对重大事故的应急机制，保证出现较大规模工伤事故、急性中毒以后能够有序组织抢救，避免延误抢救时机。对于尘肺病职工来说，患职业病是个缓慢的过程，部分职工离职或退休后才明确诊断为职业病，用人单位都应当承担起救治及妥善协调办理相关手续的责任。

4. 依规赔付

用人单位应当积极为尘肺病职工办理工伤认定及劳动能力鉴定，让尘肺病职工及时

享受工伤保险待遇。如果用人单位未缴纳工伤保险费，则要支付尘肺病职工参保之前的各项工伤保险费用。

5. 妥善安置

（1）及时告知与诊断。医疗卫生机构发现疑似职业病患者时，应当告知职工本人并及时通知用人单位。用人单位应当及时安排对疑似职业病患者进行诊断。在疑似职业病患者诊断或者医学观察期间，不得解除或者终止与其订立的劳动合同。

（2）保障职业病待遇。用人单位应当保障职业病患者依法享受国家规定的职业病待遇，包括治疗、康复和定期检查。对不适宜继续从事原工作的职业病患者，应当调离原岗位，并妥善安置。对从事接触职业病危害的职工，用人单位应当给予适当岗位津贴。职业病患者的诊疗、康复费用，伤残以及丧失劳动能力的职业病患者的社会保障，按照国家有关工伤保险的规定执行。职业病患者除依法享有工伤保险外，依照有关民事法律，尚有获得赔偿权利的，有权向用人单位提出赔偿要求。

（3）特殊情况安排。职业病患者变动工作单位，其依法享有的待遇不变。用人单位在发生分立、合并、解散、破产等情形时，应当对从事接触职业病危害作业的职工进行健康检查，并按照国家有关规定妥善安置职业病患者。用人单位已经不存在或者无法确认劳动关系的职业病患者，可以向地方人民政府民政部门申请医疗救助和生活等方面的救助。

第二节 工伤认定与劳动能力鉴定

劳动者被确诊患有职业病后，用人单位应当及时办理工伤认定、劳动能力鉴定和职业病待遇核定手续，确保劳动者享受工伤保险待遇。

一、工伤认定的办理

1. 如何申请

（1）尘肺病患者申请工伤认定的时限。用人单位应当自劳动者被诊断、鉴定为尘肺病之日起30日内，提出工伤认定申请，用人单位未在规定时限内提出工伤认定申请的，尘肺病患者或者其直系亲属、工会组织在事故伤害发生之日或被诊断、鉴定为职业病之日起1年内，可以按照规定提出工伤认定申请。

遇有特殊情况，经报社会保险行政部门同意，申请时限可适当延长。

（2）工伤认定申请机构。上述申请人应向统筹地区社会保险行政部门提出工伤认定申请（统筹地区指用人单位参加工伤保险统筹、缴纳工伤保险费的地区的人力资源社会保障局）。

（3）申请工伤认定需要准备的材料

1）工伤认定申请表。

2）劳动合同、聘用合同文本复印件或者与用人单位存在劳动关系（包括事实劳动关系）、人事关系的其他证明材料。

3）医疗诊断证明或职业病诊断证明书（或者职业病诊断鉴定书）。

工伤认定申请经社会保险行政部门审核后，作出补正材料、受理或者不予受理的决定。

2. 工伤认定的过程及结果

（1）调查核实。社会保险行政部门在进行工伤认定时，对尘肺病患者提供的符合国家有关规定的职业病诊断证明书或者职业病诊断鉴定书，不再进行调查核实。职业病诊断证明书或者职业病诊断鉴定书不符合国家规定的要求和格式的，社会保险行政部门可以要求出具证据部门重新提供。

职工或者其近亲属认为是工伤，用人单位不认为是工伤的，由用人单位承担举证责任。用人单位拒不举证的，社会保险行政部门根据受伤害职工提供的证据或者调查取得的证据，依法作出工伤认定决定。

（2）认定及送达。社会保险行政部门应当自受理工伤认定申请之日起 60 日内作出工伤认定决定，出具工伤认定决定书或者不予认定工伤决定书，并自决定作出之日起 20 日内，将以上文书送达受伤害劳动者（或者其近亲属）和用人单位，并抄送社会保险经办机构。

社会保险行政部门受理工伤认定申请后，如果作出工伤认定决定需要以司法机关或者有关行政主管部门的结论为依据的，在以上部门尚未作出结论期间，社会保险行政部门应作出工伤认定决定的时限中止，并书面通知申请人。社会保险行政部门对于事实清楚、权利义务明确的工伤认定申请，应当自受理工伤认定申请之日起 15 日内作出工伤认定决定。

3. 申诉

劳动者或者其近亲属、用人单位对不予受理决定不服或者对工伤认定决定不服的，可以依法申请行政复议或者提起行政诉讼。

二、劳动能力鉴定

1. 劳动能力鉴定的定义

劳动能力鉴定是指劳动者因工负伤或非因工负伤及职业病等原因，导致本人劳动与社会生活能力受到不同程度影响，为享受相对应的社会保障待遇，由劳动能力鉴定机构根据劳动者本人或其亲属的申请，组织有资质的医学专家，根据国家制定的评残标准，运用医学科学技术的检查方法和手段，确定劳动者丧失劳动能力程度的一种综合评定制度。

劳动能力鉴定包括劳动功能障碍程度和生活自理障碍程度的等级鉴定。劳动功能障碍分为十个伤残等级，最重的为一级，最轻的为十级。生活自理障碍分为三个等级：生活完全不能自理、生活大部分不能自理和生活部分不能自理。

劳动能力鉴定是依据《工伤保险条例》《工伤职工劳动能力鉴定管理办法》和《劳动能力鉴定 职工工伤与职业病致残等级》（GB/T 16180—2014）等国家法律法规和标准规范实施的。

2. 劳动能力鉴定的意义

劳动能力鉴定作为工伤保险工作“三环节”（工伤认定、劳动能力鉴定、待遇给付）之一，是伤病职工享受工伤保险待遇等相关待遇的客观依据，是维护用人单位及个人合法权益、体现社会公平公正的正常途径，同时也是确保社会保险基金安全运行的重要保障。

3. 劳动能力鉴定申请

（1）申请时限。尘肺病职工被认定为工伤，经治疗病情相对稳定后存在残疾、影响劳动能力的，应当在作出工伤认定后 30 日内申请劳动能力鉴定。

（2）鉴定机构。用人单位、尘肺病职工或者其近亲属应当书面向统筹地区劳动能力鉴定委员会提出劳动能力鉴定申请。

尘肺病的发生发展与单位的工作环境密切相关，为职工申请工伤认定、劳动能力鉴定是用人单位的法定责任；职工本人可以提出劳动能力鉴定也是对劳动者权利的一种保护；职工近亲属与职工存在监护或供养关系，也有权申请劳动能力鉴定。

劳动能力鉴定的受理机构分为两级，职工初次鉴定一般向设区的市级劳动能力鉴定委员会提出申请，对劳动能力鉴定结论不服的可以向省、自治区、直辖市劳动能力鉴定委员会申请再次鉴定，此级作出的结论为最终结论。

（3）申请劳动能力鉴定提交材料。尘肺病职工申请劳动能力鉴定需要准备以下材料：

1）按规定填写的劳动能力鉴定申请表。

2）尘肺病职工的居民身份证或者社会保障卡等其他有效身份证明原件。

3）有效的诊断证明，按照医疗机构病历管理有关规定复印或者复制的检查、检验报告等完整病历资料。

（4）材料审核。申请人提供材料后，劳动能力鉴定委员会进行审核，材料不完整的，会自收到申请之日起 5 个工作日内一次性书面告知申请人需要补正的全部材料，申请人应在接到书面告知 30 日内补齐全部资料，否则视为未提出申请。申请人补正资料的时间不计算在劳动能力鉴定工作时限内。

4. 劳动能力鉴定程序

（1）组织现场鉴定。劳动能力鉴定委员会收到劳动能力鉴定申请后，从医疗卫生专家库中随机抽取 3~5 名职业病相关科室专家组成专家组，专家根据尘肺病病人病情，结合医疗诊断情况，依据《劳动能力鉴定 职工工伤与职业病致残等级》（GB/T 16180—2014）提出鉴定意见，作出劳动能力鉴定结论。

劳动者按照劳动能力鉴定委员会提前通知的时间、地点及应当携带的材料参加现场鉴定。对行动不便的职工，劳动能力鉴定委员会可以组织专家上门进行劳动能力鉴定；职工因故不能参加鉴定的，经劳动能力鉴定委员会同意，可以调整现场鉴定时间，作出劳动能力鉴定结论的期限相应顺延；因鉴定工作需要，专家组提出应当进行有关检查和诊断的，劳动能力鉴定委员会会委托具备资格的医疗机构协助进行有关的检查和诊断。

专家组主要对职工劳动功能障碍程度和生活自理障碍程度进行技术性等级鉴定，并根据《劳动能力鉴定　职工工伤与职业病致残等级》（GB/T 16180—2014）提出鉴定意见。专家鉴定意见不一致时，按照少数服从多数的原则确定专家组的鉴定意见。

（2）尘肺病职工可对照的伤残等级。尘肺病职工伤残等级参照《劳动能力鉴定　职工工伤与职业病致残等级》（GB/T 16180—2014）执行，具体的分级标准见附录 4。

案例：北京某防水材料有限公司（以下简称该单位）职工纪某，男，88 岁，1950 年至 1980 年从事窑工、制砖工、配料工等工作，期间接触粉尘、云母，2016 年 12 月，经北京某职业病诊断机构诊断为“职业性其他（矽、云母等混合）尘肺壹期”。经单位申请，该职工于 2017 年 2 月被认定为工伤。

2017 年 4 月，该单位向所在区劳动能力鉴定委员会提出劳动能力鉴定申请，提供的材料有北京市工伤劳动能力鉴定申请表、北京市某区人力资源和社会保障局认定工伤决定书、北京某职业病诊断机构职业病诊断证明书和相关病历、北京某医院肺功能检查报告单及血气分析化验单。材料审核通过后，按照劳动能力鉴定委员会通知，纪某于 2017 年 4 月 19 日参加了劳动能力现场鉴定。鉴定步骤如下：

1）纪某由家属陪同自行步入鉴定室。

2）专家组与纪某进行简单交流，确认基本信息，询问病史。纪某神志清楚，思维正常，可以自述表达。

3）专家组依据医院提供的病历、相关材料，与纪某核对职业病史，记录职业病诊治过程。

4）专家组对纪某进行了简要的查体，结合近期检查中的几项关键指标，判定纪某目前为肺功能中度损伤。

5）专家组将纪某当前的职业病诊断和肺功能状况与《劳动能力鉴定　职工工伤与职业病致残等级》（GB/T 16180—2014）对照，确定其符合“5. 4. 2 四级条款系列”中第 51 条“尘肺壹期伴肺功能中度损伤及（或）中度低氧血症”，且目前纪某无生活自理障碍。因此，专家组提出的鉴定意见为“已达到工伤等级标准四级，无生活自理障碍”。

6）专家书写北京市医疗专家组劳动能力鉴定、确认意见表，参加鉴定的专家均签署意见并签名。

7）该单位所在区劳动能力鉴定委员会将专家意见录入系统，形成劳动能力鉴定结论书。劳动能力鉴定结论书载明了下列事项：工伤职工及用人单位的基本信息；伤情介绍，包括伤残部位、器官功能障碍程度、诊断情况等；作出鉴定的依据；鉴定结论表述。

8）鉴定结论的送达。劳动能力鉴定委员会应当自作出鉴定结论之日起 20 日内将劳动能力鉴定结论及时送达工伤职工及其用人单位。

5. 出具劳动能力鉴定书时限及送达

劳动能力鉴定委员会自收到鉴定申请之日起 60 日内，根据医疗专家组的鉴定意见作出劳动能力鉴定结论，对于劳动能力鉴定涉及医疗卫生专业较多，情况复杂的，鉴定期限可以适当延长，但延长期限不得超过 30 日。

劳动能力鉴定结论的送达方式一般采取邮寄或自取的方式，劳动能力鉴定、确认结论通知书是尘肺病职工享受相应工伤保险待遇的依据。接下来即可办理申领工伤保险待遇的手续。

6. 申诉

(1) 对劳动能力鉴定结论不服的可以申请再次鉴定。尘肺病职工或其用人单位如果对初次鉴定结论不服，可以在收到鉴定结论之日起 15 日内向省、自治区、直辖市劳动能力鉴定委员会申请再次鉴定。再次鉴定在体现劳动能力鉴定程序科学性的同时，也使用人单位和职工有了公平申诉的机会。

(2) 病情发展变化可以申请复查鉴定。自劳动能力鉴定结论作出之日起 1 年后，认为病情发生变化的（如尘肺病晋期等），可以申请复查鉴定。职业病患者随着年龄的增长，劳动功能障碍程度和生活自理障碍程度一般都会出现不同程度的加重，1 年后的复查鉴定可以更为准确地保护职业病患者的合法权益，进一步享受相应的工伤保险待遇。

第三节　尘肺病的赔偿

2019 年 7 月，国家卫生健康委等 10 部门联合发布的《尘肺病防治攻坚行动方案》（国卫职健发〔2019〕46 号），重点任务部分是关于尘肺病患者救治救助行动，指出应实施下列分类救治救助措施：

1. 对于已经诊断为职业性尘肺病且已参加工伤保险的患者，严格按照现有政策规定落实各项保障措施。

2. 对于已经诊断为职业性尘肺病、未参加工伤保险，但相关用人单位仍存在的患者，由用人单位按照国家有关规定承担其医疗和生活保障费用。依法开展法律援助，为诊断为职业性尘肺病的患者提供优质便捷的法律服务。

3. 对于已经诊断为职业性尘肺病，但没有参加工伤保险且相关用人单位已不存在等特殊情况，以及因缺少职业病诊断所需资料、仅诊断为尘肺病的患者，将符合条件的纳入救助范围，统筹基本医保、大病保险、医疗救助三项制度，做好资助参保工作，实施综合医疗保障，梯次减轻患者负担；对基本生活有困难的，全面落实生活帮扶措施。医疗保障部门、人力资源社会保障部门要按照程序将符合条件的尘肺病治疗药品和治疗技术纳入基本医疗保险和工伤保险的支付范围。

《工伤保险条例》对尘肺病患者的赔偿规定如下：

一、费用承担问题

1. 疑似职业病患者在诊断、医学观察期间的费用，由用人单位承担。

2. 职工参加工伤保险是法定的，由用人单位缴纳工伤保险费，职工不缴纳工伤保险费。

3. 工伤认定和劳动能力鉴定都是免费的，不需要缴纳任何费用。

4. 被认定为工伤的尘肺病患者，职业病诊断证明书（或职业病诊断鉴定书）中明确的用人单位，在该职工从业期间依法为其缴纳工伤保险费的，按照《工伤保险条例》的规定，分别由工伤保险基金和用人单位支付工伤保险待遇费用；未依法为该职工缴纳工伤保险费的，由用人单位按照《工伤保险条例》规定的相关项目和标准支付工伤保险待遇费用。

5. 用人单位应当承担的责任

（1）用人单位应当支付的费用。用人单位应当支付符合规定的工伤保险待遇有关费用，主要包括：①职工治疗尘肺病期间的工资福利；②五级、六级伤残职工按月领取的伤残津贴；③终止或解除劳动合同时的一次性伤残就业补助金。

（2）特殊情况下用人单位的工伤保险责任。用人单位分立、合并、转让的，承继单位在办理工伤保险变更登记后，继续承担原用人单位的工伤保险责任，原用人单位未参加工伤保险，职工发生工伤后，由承继单位按条例规定的标准支付工伤保险待遇费用。

用人单位实行承包经营的，工伤保险责任由职工劳动关系所在单位承担。

职工被借调期间发生工伤的，由原用人单位承担工伤保险责任，原用人单位与借调单位可以约定补偿办法。

用人单位在破产清算时依法拨付应当由单位支付的工伤保险待遇费用。

（3）用人单位未参加工伤保险应当承担的责任。用人单位未按照规定参加工伤保险，由社会保险行政部门责令限期参加，补缴应当缴纳的工伤保险费，并自欠缴之日起加收万分之五的滞纳金，逾期仍不缴纳的，处欠缴数额 1 倍以上 3 倍以下的罚款。

职工所在用人单位未依法缴纳工伤保险费，发生工伤事故的，用人单位应当采取措施及时救治，并按照规定的工伤保险待遇项目和标准支付费用。用人单位参加工伤保险及缴纳保险费、滞纳金或罚款后，新发生的费用由工伤保险基金和用人单位按照规定支付。即职工在发生工伤后，按规定正常进行工伤认定与劳动能力鉴定，在待遇给付环节，未参保单位需一并承担工伤保险基金所应支付的费用，当用人单位重新参加工伤保险并完成各类补缴后，免于承担新发生的应当由工伤保险基金支付的费用，如职工在劳动能力鉴定后七至十级应享受一次性伤残补助金，解除合同时应享受一次性医疗补助金和就业补助金。在单位正常缴纳工伤保险的情况下，只需支付一次性就业补助金；单位未缴纳工伤保险，则需支付以上 3 项补助金。

二、工伤医疗待遇

1. 职工患职业病进行治疗，享受工伤医疗待遇

（1）主要包含医疗费用、康复费用及其他相关费用。

（2）职工可以享受工伤医疗待遇，即在签订服务协议的医疗机构就医和康复，符合规定的费用可由工伤保险基金支付，但治疗非工伤引发的疾病，不享受工伤医疗待遇，

按照基本医疗保险的规定执行。

（3）职工还可享受住院治疗工伤的伙食补助费（医疗机构出具证明、报经办机构同意），到统筹地区以外就医的交通食宿费由工伤保险基金支付。

（4）对于工伤认定有异议，行政复议和诉讼期间职工仍享受工伤医疗待遇。

2. 职工未达到伤残等级标准仍可以享受工伤医疗待遇

职工被认定为工伤，但没有达到伤残等级的，应当享受工伤医疗待遇和停工留薪期待遇，因治疗工伤而支出的费用应当由工伤保险基金支付，具体的费用应当按照实际支出来确定，职工需要住院治疗的，可以获得伙食补助费，需要去其他地方治疗的，还可以获得交通费和食宿费，这些费用都从工伤保险基金支付，基金支付的具体标准由统筹地区人民政府规定。

三、伤残等级待遇

尘肺病职工经劳动能力鉴定可以确认伤残等级及自理障碍程度。

1. 结论与等级

劳动能力鉴定结论包括劳动功能障碍程度和生活自理障碍程度两部分。劳动功能障碍程度的十个伤残等级和生活自理障碍程度的三个等级，分别对应不同的赔偿和保障标准。

2. 伤残一到十级的待遇

工伤职工经劳动能力鉴定后，可以享受一次性伤残补助金，一至四级伤残的保留劳动关系，退出劳动岗位，可按月领取伤残津贴；存在生活自理障碍的可以按月领取生活护理费；五至六级保留与用人单位的劳动关系，难以安排工作的，由用人单位按月发放伤残津贴。职工与用人单位解除劳动、聘用合同的，可以领取一次性工伤医疗补助金和一次性伤残就业补助金。各伤残等级一次性伤残补助金、伤残津贴、生活护理费、就业补助金等待遇领取标准见附录2（《工伤保险条例》）。

3. 其他相关工伤保险待遇

职工因工死亡，其近亲属按照规定从工伤保险基金领取丧葬补助金、供养亲属抚恤金和一次性工亡补助金。一般患职业病职工在工作中急性死亡者较少，在停工留薪期内因职业病导致死亡的，其近亲属可享受丧葬补助金；一至四级伤残职工在停工留薪期满后死亡的，其近亲属可享受丧葬补助金和供养亲属抚恤金。

职工因工外出期间发生事故或者在抢险救灾中下落不明的，从事故发生当月起3个月内照发工资，从第4个月起停发工资，由工伤保险基金向其供养亲属按月支付供养亲属抚恤金。生活有困难的，可以预支一次性工亡补助金的50%。职工被人民法院宣告死亡的，按照职工因工死亡的规定处理。

四、停止享受工伤保险待遇的情形

1. 丧失享受待遇的条件

随着时间推移，工伤职工或工亡职工供养亲属等不再具备享受原有工伤待遇的条件，例如：工亡职工的供养亲属中，子女已年满18周岁即不再属于供养范围。

2. 拒不接受劳动能力鉴定

劳动能力鉴定需要职工提出申请，并参加现场鉴定才能够作出较为准确的鉴定结论。少数职工由于不了解政策，担心鉴定后发生劳动合同的存续问题、赔偿问题等，与单位之间沟通不畅或存在分歧，不愿进行劳动能力鉴定。而大部分工伤保险待遇的享受要以劳动能力鉴定结论为依据，因此，职工拒不接受劳动能力鉴定直接影响工伤保险待遇的实施。

3. 拒绝治疗

工伤保险是为了保障因工作遭受事故伤害或者职业病的职工获得医疗救治和经济补偿，职工拒绝治疗就意味着放弃享受工伤保险待遇的权利。

五、民事赔偿

我国法律法规规定，职业病患者除依法享有工伤保险外，依照有关民事法律，尚有获得赔偿权利的，有权向用人单位提出赔偿要求。赔偿义务人对治疗的必要性和合理性有异议的，应当承担相应的举证责任。

第四节　劳动争议处理程序

一、常见的劳动争议

1. 工伤劳动关系确认

申请工伤认定首要材料是劳动关系证明，而用人单位招用劳动者不签订劳动合同，双方劳动关系难以确定的情况时有发生。为保护劳动者的合法权益，依据《关于确立劳动关系有关事项的通知》（劳社部发〔2005〕12号），劳动者在未签订劳动合同的情况下，要注意收集以下凭证作为确认劳动关系的参照：

（1）工资支付凭证或记录（职工工资发放花名册）、缴纳各项社会保险费的记录。

（2）用人单位向劳动者发放的“工作证”“服务证”等能够证明身份的证件。

（3）劳动者填写的用人单位招工招聘“登记表”“报名表”等招用记录。

（4）考勤记录。

（5）其他劳动者的证言等。

劳动者与用人单位就是否存在劳动关系引发争议的，可以向有管辖权的劳动争议仲裁委员会申请仲裁。

2. 劳动合同订立的内容

用人单位与劳动者订立劳动合同（含聘用合同）时，应当将工作过程中可能产生的职业病危害及其后果、职业病防护措施和待遇等如实告知劳动者，并在劳动合同中写明，不得隐瞒或欺骗。

劳动者在已经订立劳动合同期间因工作岗位或者工作内容变更，从事与所订立劳动合同中未告知的存在职业病危害的作业时，用人单位应当依照前款规定，向劳动者履行如实告知的义务，并协商变更原劳动合同相关条款。

用人单位违反前两款规定的，劳动者有权拒绝从事存在职业病危害的作业，用人单位不得因此解除与劳动者所订立的劳动合同。

3. 工伤赔偿问题

尘肺病患者可根据上文所述的赔偿内容，通过合理途径，依法维护自己的权益。

二、劳动争议问题的处理

劳动争议发生后，当事人应当按照下列基本程序请求解决：双方自行协商解决、调解程序、仲裁程序、法院审判程序。其中劳动争议仲裁委员会处理劳动争议是必经程序，具体过程如下：

1. 申请仲裁时效

劳动争议申请仲裁的时效为一年。仲裁时效期间从当事人知道或者应当知道其权利被侵害之日起计算。

2. 管辖

劳动争议由劳动合同履行地或者用人单位所在地的劳动争议仲裁委员会管辖。双方当事人分别向劳动合同履行地和用人单位所在地的劳动争议仲裁委员会申请仲裁的，由劳动合同履行地的劳动争议仲裁委员会管辖。

3. 劳动者申请仲裁需提交的材料

（1）劳动仲裁申请书。

（2）申请人身份证明复印件一份。

（3）有委托代理人的，需提交授权委托书。

（4）被申请人工商注册登记资料。

（5）附证据清单，证据中一般应包括证明存在劳动关系的资料，如：劳动合同书、工作证、厂牌、工卡、工资表（单）、入职登记表（报名表）、押金收据、社会保险缴费清单、暂住证、考勤记录、奖惩通知、解除（终止）劳动关系的通知（证明）等。

申请人为 10 人以上，并有共同请求的，可以推举代表参加仲裁活动。

4. 劳动争议仲裁不收费

根据《劳动争议调解仲裁法》第五十三条的规定，劳动争议仲裁不收费。劳动争议仲裁委员会的经费由财政予以保障。

5. 受理

劳动争议仲裁委员会收到仲裁申请之日起 5 日内，认为符合受理条件的，应当受理，并通知申请人；认为不符合受理条件的，应当书面通知申请人不予受理，并说明理由。对劳动争议仲裁委员会不予受理或者逾期未作出决定的，申请人可以就该劳动争议事项向人民法院提起诉讼。

6. 先予执行

仲裁庭对追索劳动报酬、工伤医疗费、经济补偿或者赔偿金的案件，根据当事人的申请，可以裁决移送人民法院先予执行。

仲裁庭裁决先予执行的，应当符合下列条件：

（1）当事人之间权利义务关系明确。

（2）不先予执行将严重影响申请人的生活。

劳动者申请先予执行的，可以不提供担保。

7. 裁决

（1）仲裁庭裁决劳动争议案件，应当自劳动争议仲裁委员会受理仲裁申请之日起 45 日内结束。案情复杂需要延期的，经劳动争议仲裁委员会主任批准，可以延期并书面通知当事人，但是延长期限不得超过 15 日。逾期未作出仲裁裁决的，当事人可以就该劳动争议事项向人民法院提起诉讼。

（2）下列劳动争议，除法律另有规定的外，仲裁裁决为终局裁决，裁决书自作出之日起发生法律效力：

1）追索劳动报酬、工伤医疗费、经济补偿或者赔偿金，不超过当地月最低工资标准 12 个月金额的争议。

2）因执行国家的劳动标准在工作时间、休息休假、社会保险等方面发生的争议。

8. 起诉

当事人对仲裁裁决不服的，可以自收到仲裁裁决书之日起 15 日内向人民法院提起诉讼；期满不起诉的，裁决书发生法律效力。

结　语

随着《职业病防治法》深入实施，劳动者的境况得到了很大改善，但也要注意职业病危害问题仍然比较突出，就尘肺病而言，目前依然是我国最严重的职业病，尤其尘肺病是一种难以治愈的终身疾病。国际劳工组织（ILO）/世界卫生组织（WHO）职业卫生联合委员会于1995年启动了“全球消除矽肺国际规划”，目标是在2010年使矽肺的发病率显著降低，到2030年完全消除矽肺病。我国作为ILO和WHO的成员，又是世界上尘肺危害最严重的国家之一，要对尘肺病做好防控，保护劳动者的健康。这就需要在党和政府统一部署和坚强领导下，全社会各界广泛参与、用人单位自觉行动、接尘劳动者从我做起，为实现2030年消除矽肺病目标共同努力奋斗。

附录 1

中华人民共和国职业病防治法

（2001 年 10 月 27 日第九届全国人民代表大会常务委员会第二十四次会议通过　根据 2011 年 12 月 31 日第十一届全国人民代表大会常务委员会第二十四次会议《关于修改〈中华人民共和国职业病防治法〉的决定》第一次修正　根据 2016 年 7 月 2 日第十二届全国人民代表大会常务委员会第二十一次会议《关于修改〈中华人民共和国节约能源法〉等六部法律的决定》第二次修正　根据 2017 年 11 月 4 日第十二届全国人民代表大会常务委员会第三十次会议《关于修改〈中华人民共和国会计法〉等十一部法律的决定》第三次修正　根据 2018 年 12 月 29 日第十三届全国人民代表大会常务委员会第七次会议《关于修改〈中华人民共和国劳动法〉等七部法律的决定》第四次修正）

第一章　总　　则

第一条　为了预防、控制和消除职业病危害，防治职业病，保护劳动者健康及其相关权益，促进经济社会发展，根据宪法，制定本法。

第二条　本法适用于中华人民共和国领域内的职业病防治活动。

本法所称职业病，是指企业、事业单位和个体经济组织等用人单位的劳动者在职业活动中，因接触粉尘、放射性物质和其他有毒、有害因素而引起的疾病。

职业病的分类和目录由国务院卫生行政部门会同国务院劳动保障行政部门制定、调整并公布。

第三条　职业病防治工作坚持预防为主、防治结合的方针，建立用人单位负责、行政机关监管、行业自律、职工参与和社会监督的机制，实行分类管理、综合治理。

第四条　劳动者依法享有职业卫生保护的权利。

用人单位应当为劳动者创造符合国家职业卫生标准和卫生要求的工作环境和条件，并采取措施保障劳动者获得职业卫生保护。

工会组织依法对职业病防治工作进行监督，维护劳动者的合法权益。用人单位制定或者修改有关职业病防治的规章制度，应当听取工会组织的意见。

第五条　用人单位应当建立、健全职业病防治责任制，加强对职业病防治的管理，提高职业病防治水平，对本单位产生的职业病危害承担责任。

第六条 用人单位的主要负责人对本单位的职业病防治工作全面负责。

第七条 用人单位必须依法参加工伤保险。

国务院和县级以上地方人民政府劳动保障行政部门应当加强对工伤保险的监督管理，确保劳动者依法享受工伤保险待遇。

第八条 国家鼓励和支持研制、开发、推广、应用有利于职业病防治和保护劳动者健康的新技术、新工艺、新设备、新材料，加强对职业病的机理和发生规律的基础研究，提高职业病防治科学技术水平；积极采用有效的职业病防治技术、工艺、设备、材料；限制使用或者淘汰职业病危害严重的技术、工艺、设备、材料。

国家鼓励和支持职业病医疗康复机构的建设。

第九条 国家实行职业卫生监督制度。

国务院卫生行政部门、劳动保障行政部门依照本法和国务院确定的职责，负责全国职业病防治的监督管理工作。国务院有关部门在各自的职责范围内负责职业病防治的有关监督管理工作。

县级以上地方人民政府卫生行政部门、劳动保障行政部门依据各自职责，负责本行政区域内职业病防治的监督管理工作。县级以上地方人民政府有关部门在各自的职责范围内负责职业病防治的有关监督管理工作。

县级以上人民政府卫生行政部门、劳动保障行政部门（以下统称职业卫生监督管理部门）应当加强沟通，密切配合，按照各自职责分工，依法行使职权，承担责任。

第十条 国务院和县级以上地方人民政府应当制定职业病防治规划，将其纳入国民经济和社会发展计划，并组织实施。

县级以上地方人民政府统一负责、领导、组织、协调本行政区域的职业病防治工作，建立健全职业病防治工作体制、机制，统一领导、指挥职业卫生突发事件应对工作；加强职业病防治能力建设和服务体系建设，完善、落实职业病防治工作责任制。

乡、民族乡、镇的人民政府应当认真执行本法，支持职业卫生监督管理部门依法履行职责。

第十一条 县级以上人民政府职业卫生监督管理部门应当加强对职业病防治的宣传教育，普及职业病防治的知识，增强用人单位的职业病防治观念，提高劳动者的职业健康意识、自我保护意识和行使职业卫生保护权利的能力。

第十二条 有关防治职业病的国家职业卫生标准，由国务院卫生行政部门组织制定并公布。

国务院卫生行政部门应当组织开展重点职业病监测和专项调查，对职业健康风险进行评估，为制定职业卫生标准和职业病防治政策提供科学依据。

县级以上地方人民政府卫生行政部门应当定期对本行政区域的职业病防治情况进行统计和调查分析。

第十三条 任何单位和个人有权对违反本法的行为进行检举和控告。有关部门收到相关的检举和控告后，应当及时处理。

对防治职业病成绩显著的单位和个人，给予奖励。

第二章 前期预防

第十四条 用人单位应当依照法律、法规要求，严格遵守国家职业卫生标准，落实职业病预防措施，从源头上控制和消除职业病危害。

第十五条 产生职业病危害的用人单位的设立除应当符合法律、行政法规规定的设立条件外，其工作场所还应当符合下列职业卫生要求：

（一）职业病危害因素的强度或者浓度符合国家职业卫生标准；

（二）有与职业病危害防护相适应的设施；

（三）生产布局合理，符合有害与无害作业分开的原则；

（四）有配套的更衣间、洗浴间、孕妇休息间等卫生设施；

（五）设备、工具、用具等设施符合保护劳动者生理、心理健康的要求；

（六）法律、行政法规和国务院卫生行政部门关于保护劳动者健康的其他要求。

第十六条 国家建立职业病危害项目申报制度。

用人单位工作场所存在职业病目录所列职业病的危害因素的，应当及时、如实向所在地卫生行政部门申报危害项目，接受监督。

职业病危害因素分类目录由国务院卫生行政部门制定、调整并公布。职业病危害项目申报的具体办法由国务院卫生行政部门制定。

第十七条 新建、扩建、改建建设项目和技术改造、技术引进项目（以下统称建设项目）可能产生职业病危害的，建设单位在可行性论证阶段应当进行职业病危害预评价。

医疗机构建设项目可能产生放射性职业病危害的，建设单位应当向卫生行政部门提交放射性职业病危害预评价报告。卫生行政部门应当自收到预评价报告之日起三十日内，作出审核决定并书面通知建设单位。未提交预评价报告或者预评价报告未经卫生行政部门审核同意的，不得开工建设。

职业病危害预评价报告应当对建设项目可能产生的职业病危害因素及其对工作场所和劳动者健康的影响作出评价，确定危害类别和职业病防护措施。

建设项目职业病危害分类管理办法由国务院卫生行政部门制定。

第十八条 建设项目的职业病防护设施所需费用应当纳入建设项目工程预算，并与主体工程同时设计，同时施工，同时投入生产和使用。

建设项目的职业病防护设施设计应当符合国家职业卫生标准和卫生要求；其中，医疗机构放射性职业病危害严重的建设项目的防护设施设计，应当经卫生行政部门审查同意后，方可施工。

建设项目在竣工验收前，建设单位应当进行职业病危害控制效果评价。

医疗机构可能产生放射性职业病危害的建设项目竣工验收时，其放射性职业病防护设施经卫生行政部门验收合格后，方可投入使用；其他建设项目的职业病防护设施应当由建设单位负责依法组织验收，验收合格后，方可投入生产和使用。卫生行政部门应当加强对建设单位组织的验收活动和验收结果的监督核查。

第十九条 国家对从事放射性、高毒、高危粉尘等作业实行特殊管理。具体管理办法由国务院制定。

第三章 劳动过程中的防护与管理

第二十条 用人单位应当采取下列职业病防治管理措施：

（一）设置或者指定职业卫生管理机构或者组织，配备专职或者兼职的职业卫生管理人员，负责本单位的职业病防治工作；

（二）制定职业病防治计划和实施方案；

（三）建立、健全职业卫生管理制度和操作规程；

（四）建立、健全职业卫生档案和劳动者健康监护档案；

（五）建立、健全工作场所职业病危害因素监测及评价制度；

（六）建立、健全职业病危害事故应急救援预案。

第二十一条 用人单位应当保障职业病防治所需的资金投入，不得挤占、挪用，并对因资金投入不足导致的后果承担责任。

第二十二条 用人单位必须采用有效的职业病防护设施，并为劳动者提供个人使用的职业病防护用品。

用人单位为劳动者个人提供的职业病防护用品必须符合防治职业病的要求；不符合要求的，不得使用。

第二十三条 用人单位应当优先采用有利于防治职业病和保护劳动者健康的新技术、新工艺、新设备、新材料，逐步替代职业病危害严重的技术、工艺、设备、材料。

第二十四条 产生职业病危害的用人单位，应当在醒目位置设置公告栏，公布有关职业病防治的规章制度、操作规程、职业病危害事故应急救援措施和工作场所职业病危害因素检测结果。

对产生严重职业病危害的作业岗位，应当在其醒目位置，设置警示标识和中文警示说明。警示说明应当载明产生职业病危害的种类、后果、预防以及应急救治措施等内容。

第二十五条 对可能发生急性职业损伤的有毒、有害工作场所，用人单位应当设置报警装置，配置现场急救用品、冲洗设备、应急撤离通道和必要的泄险区。

对放射工作场所和放射性同位素的运输、贮存，用人单位必须配置防护设备和报警装置，保证接触放射线的工作人员佩戴个人剂量计。

对职业病防护设备、应急救援设施和个人使用的职业病防护用品，用人单位应当进行经常性的维护、检修，定期检测其性能和效果，确保其处于正常状态，不得擅自拆除或者停止使用。

第二十六条 用人单位应当实施由专人负责的职业病危害因素日常监测，并确保监测系统处于正常运行状态。

用人单位应当按照国务院卫生行政部门的规定，定期对工作场所进行职业病危害因素检测、评价。检测、评价结果存入用人单位职业卫生档案，定期向所在地卫生行政部门报告并向劳动者公布。

职业病危害因素检测、评价由依法设立的取得国务院卫生行政部门或者设区的市级以上地方人民政府卫生行政部门按照职责分工给予资质认可的职业卫生技术服务机构进行。职业卫生技术服务机构所作检测、评价应当客观、真实。

发现工作场所职业病危害因素不符合国家职业卫生标准和卫生要求时，用人单位应当立即采取相应治理措施，仍然达不到国家职业卫生标准和卫生要求的，必须停止存在职业病危害因素的作业；职业病危害因素经治理后，符合国家职业卫生标准和卫生要求的，方可重新作业。

第二十七条 职业卫生技术服务机构依法从事职业病危害因素检测、评价工作，接受卫生行政部门的监督检查。卫生行政部门应当依法履行监督职责。

第二十八条 向用人单位提供可能产生职业病危害的设备的，应当提供中文说明书，并在设备的醒目位置设置警示标识和中文警示说明。警示说明应当载明设备性能、可能产生的职业病危害、安全操作和维护注意事项、职业病防护以及应急救治措施等内容。

第二十九条 向用人单位提供可能产生职业病危害的化学品、放射性同位素和含有放射性物质的材料的，应当提供中文说明书。说明书应当载明产品特性、主要成份、存在的有害因素、可能产生的危害后果、安全使用注意事项、职业病防护以及应急救治措施等内容。产品包装应当有醒目的警示标识和中文警示说明。贮存上述材料的场所应当在规定的部位设置危险物品标识或者放射性警示标识。

国内首次使用或者首次进口与职业病危害有关的化学材料，使用单位或者进口单位按照国家规定经国务院有关部门批准后，应当向国务院卫生行政部门报送该化学材料的毒性鉴定以及经有关部门登记注册或者批准进口的文件等资料。

进口放射性同位素、射线装置和含有放射性物质的物品的，按照国家有关规定办理。

第三十条 任何单位和个人不得生产、经营、进口和使用国家明令禁止使用的可能产生职业病危害的设备或者材料。

第三十一条 任何单位和个人不得将产生职业病危害的作业转移给不具备职业病防护条件的单位和个人。不具备职业病防护条件的单位和个人不得接受产生职业病危害的作业。

第三十二条 用人单位对采用的技术、工艺、设备、材料，应当知悉其产生的职业病危害，对有职业病危害的技术、工艺、设备、材料隐瞒其危害而采用的，对所造成的职业病危害后果承担责任。

第三十三条 用人单位与劳动者订立劳动合同（含聘用合同，下同）时，应当将工作过程中可能产生的职业病危害及其后果、职业病防护措施和待遇等如实告知劳动者，并在劳动合同中写明，不得隐瞒或者欺骗。

劳动者在已订立劳动合同期间因工作岗位或者工作内容变更，从事与所订立劳动合同中未告知的存在职业病危害的作业时，用人单位应当依照前款规定，向劳动者履行如实告知的义务，并协商变更原劳动合同相关条款。

用人单位违反前两款规定的，劳动者有权拒绝从事存在职业病危害的作业，用人单位不得因此解除与劳动者所订立的劳动合同。

第三十四条 用人单位的主要负责人和职业卫生管理人员应当接受职业卫生培训，遵守职业病防治法律、法规，依法组织本单位的职业病防治工作。

用人单位应当对劳动者进行上岗前的职业卫生培训和在岗期间的定期职业卫生培训，普及职业卫生知识，督促劳动者遵守职业病防治法律、法规、规章和操作规程，指导劳动者正确使用职业病防护设备和个人使用的职业病防护用品。

劳动者应当学习和掌握相关的职业卫生知识，增强职业病防范意识，遵守职业病防治法律、法规、规章和操作规程，正确使用、维护职业病防护设备和个人使用的职业病防护用品，发现职业病危害事故隐患应当及时报告。

劳动者不履行前款规定义务的，用人单位应当对其进行教育。

第三十五条 对从事接触职业病危害的作业的劳动者，用人单位应当按照国务院卫生行政部门的规定组织上岗前、在岗期间和离岗时的职业健康检查，并将检查结果书面告知劳动者。职业健康检查费用由用人单位承担。

用人单位不得安排未经上岗前职业健康检查的劳动者从事接触职业病危害的作业；不得安排有职业禁忌的劳动者从事其所禁忌的作业；对在职业健康检查中发现有与所从事的职业相关的健康损害的劳动者，应当调离原工作岗位，并妥善安置；对未进行离岗前职业健康检查的劳动者不得解除或者终止与其订立的劳动合同。

职业健康检查应当由取得《医疗机构执业许可证》的医疗卫生机构承担。卫生行政部门应当加强对职业健康检查工作的规范管理，具体管理办法由国务院卫生行政部门制定。

第三十六条 用人单位应当为劳动者建立职业健康监护档案，并按照规定的期限妥善保存。

职业健康监护档案应当包括劳动者的职业史、职业病危害接触史、职业健康检查结果和职业病诊疗等有关个人健康资料。

劳动者离开用人单位时，有权索取本人职业健康监护档案复印件，用人单位应当如实、无偿提供，并在所提供的复印件上签章。

第三十七条 发生或者可能发生急性职业病危害事故时，用人单位应当立即采取应急救援和控制措施，并及时报告所在地卫生行政部门和有关部门。卫生行政部门接到报告后，应当及时会同有关部门组织调查处理；必要时，可以采取临时控制措施。卫生行政部门应当组织做好医疗救治工作。

对遭受或者可能遭受急性职业病危害的劳动者，用人单位应当及时组织救治、进行健康检查和医学观察，所需费用由用人单位承担。

第三十八条 用人单位不得安排未成年工从事接触职业病危害的作业；不得安排孕期、哺乳期的女职工从事对本人和胎儿、婴儿有危害的作业。

第三十九条 劳动者享有下列职业卫生保护权利：

（一）获得职业卫生教育、培训；

（二）获得职业健康检查、职业病诊疗、康复等职业病防治服务；

（三）了解工作场所产生或者可能产生的职业病危害因素、危害后果和应当采取的职

业病防护措施；

（四）要求用人单位提供符合防治职业病要求的职业病防护设施和个人使用的职业病防护用品，改善工作条件；

（五）对违反职业病防治法律、法规以及危及生命健康的行为提出批评、检举和控告；

（六）拒绝违章指挥和强令进行没有职业病防护措施的作业；

（七）参与用人单位职业卫生工作的民主管理，对职业病防治工作提出意见和建议。

用人单位应当保障劳动者行使前款所列权利。因劳动者依法行使正当权利而降低其工资、福利等待遇或者解除、终止与其订立的劳动合同的，其行为无效。

第四十条 工会组织应当督促并协助用人单位开展职业卫生宣传教育和培训，有权对用人单位的职业病防治工作提出意见和建议，依法代表劳动者与用人单位签订劳动安全卫生专项集体合同，与用人单位就劳动者反映的有关职业病防治的问题进行协调并督促解决。

工会组织对用人单位违反职业病防治法律、法规，侵犯劳动者合法权益的行为，有权要求纠正；产生严重职业病危害时，有权要求采取防护措施，或者向政府有关部门建议采取强制性措施；发生职业病危害事故时，有权参与事故调查处理；发现危及劳动者生命健康的情形时，有权向用人单位建议组织劳动者撤离危险现场，用人单位应当立即作出处理。

第四十一条 用人单位按照职业病防治要求，用于预防和治理职业病危害、工作场所卫生检测、健康监护和职业卫生培训等费用，按照国家有关规定，在生产成本中据实列支。

第四十二条 职业卫生监督管理部门应当按照职责分工，加强对用人单位落实职业病防护管理措施情况的监督检查，依法行使职权，承担责任。

第四章 职业病诊断与职业病病人保障

第四十三条 职业病诊断应当由取得《医疗机构执业许可证》的医疗卫生机构承担。卫生行政部门应当加强对职业病诊断工作的规范管理，具体管理办法由国务院卫生行政部门制定。

承担职业病诊断的医疗卫生机构还应当具备下列条件：

（一）具有与开展职业病诊断相适应的医疗卫生技术人员；

（二）具有与开展职业病诊断相适应的仪器、设备；

（三）具有健全的职业病诊断质量管理制度。

承担职业病诊断的医疗卫生机构不得拒绝劳动者进行职业病诊断的要求。

第四十四条 劳动者可以在用人单位所在地、本人户籍所在地或者经常居住地依法承担职业病诊断的医疗卫生机构进行职业病诊断。

第四十五条 职业病诊断标准和职业病诊断、鉴定办法由国务院卫生行政部门制定。职业病伤残等级的鉴定办法由国务院劳动保障行政部门会同国务院卫生行政部门制定。

第四十六条 职业病诊断，应当综合分析下列因素：

（一）病人的职业史；

（二）职业病危害接触史和工作场所职业病危害因素情况；

（三）临床表现以及辅助检查结果等。

没有证据否定职业病危害因素与病人临床表现之间的必然联系的，应当诊断为职业病。

职业病诊断证明书应当由参与诊断的取得职业病诊断资格的执业医师签署，并经承担职业病诊断的医疗卫生机构审核盖章。

第四十七条 用人单位应当如实提供职业病诊断、鉴定所需的劳动者职业史和职业病危害接触史、工作场所职业病危害因素检测结果等资料；卫生行政部门应当监督检查和督促用人单位提供上述资料；劳动者和有关机构也应当提供与职业病诊断、鉴定有关的资料。

职业病诊断、鉴定机构需要了解工作场所职业病危害因素情况时，可以对工作场所进行现场调查，也可以向卫生行政部门提出，卫生行政部门应当在十日内组织现场调查。用人单位不得拒绝、阻挠。

第四十八条 职业病诊断、鉴定过程中，用人单位不提供工作场所职业病危害因素检测结果等资料的，诊断、鉴定机构应当结合劳动者的临床表现、辅助检查结果和劳动者的职业史、职业病危害接触史，并参考劳动者的自述、卫生行政部门提供的日常监督检查信息等，作出职业病诊断、鉴定结论。

劳动者对用人单位提供的工作场所职业病危害因素检测结果等资料有异议，或者因劳动者的用人单位解散、破产，无用人单位提供上述资料的，诊断、鉴定机构应当提请卫生行政部门进行调查，卫生行政部门应当自接到申请之日起三十日内对存在异议的资料或者工作场所职业病危害因素情况作出判定；有关部门应当配合。

第四十九条 职业病诊断、鉴定过程中，在确认劳动者职业史、职业病危害接触史时，当事人对劳动关系、工种、工作岗位或者在岗时间有争议的，可以向当地的劳动人事争议仲裁委员会申请仲裁；接到申请的劳动人事争议仲裁委员会应当受理，并在三十日内作出裁决。

当事人在仲裁过程中对自己提出的主张，有责任提供证据。劳动者无法提供由用人单位掌握管理的与仲裁主张有关的证据的，仲裁庭应当要求用人单位在指定期限内提供；用人单位在指定期限内不提供的，应当承担不利后果。

劳动者对仲裁裁决不服的，可以依法向人民法院提起诉讼。

用人单位对仲裁裁决不服的，可以在职业病诊断、鉴定程序结束之日起十五日内依法向人民法院提起诉讼；诉讼期间，劳动者的治疗费用按照职业病待遇规定的途径支付。

第五十条 用人单位和医疗卫生机构发现职业病病人或者疑似职业病病人时，应当及时向所在地卫生行政部门报告。确诊为职业病的，用人单位还应当向所在地劳动保障行政部门报告。接到报告的部门应当依法作出处理。

第五十一条 县级以上地方人民政府卫生行政部门负责本行政区域内的职业病统计

报告的管理工作，并按照规定上报。

第五十二条 当事人对职业病诊断有异议的，可以向作出诊断的医疗卫生机构所在地地方人民政府卫生行政部门申请鉴定。

职业病诊断争议由设区的市级以上地方人民政府卫生行政部门根据当事人的申请，组织职业病诊断鉴定委员会进行鉴定。

当事人对设区的市级职业病诊断鉴定委员会的鉴定结论不服的，可以向省、自治区、直辖市人民政府卫生行政部门申请再鉴定。

第五十三条 职业病诊断鉴定委员会由相关专业的专家组成。

省、自治区、直辖市人民政府卫生行政部门应当设立相关的专家库，需要对职业病争议作出诊断鉴定时，由当事人或者当事人委托有关卫生行政部门从专家库中以随机抽取的方式确定参加诊断鉴定委员会的专家。

职业病诊断鉴定委员会应当按照国务院卫生行政部门颁布的职业病诊断标准和职业病诊断、鉴定办法进行职业病诊断鉴定，向当事人出具职业病诊断鉴定书。职业病诊断、鉴定费用由用人单位承担。

第五十四条 职业病诊断鉴定委员会组成人员应当遵守职业道德，客观、公正地进行诊断鉴定，并承担相应的责任。职业病诊断鉴定委员会组成人员不得私下接触当事人，不得收受当事人的财物或者其他好处，与当事人有利害关系的，应当回避。

人民法院受理有关案件需要进行职业病鉴定时，应当从省、自治区、直辖市人民政府卫生行政部门依法设立的相关的专家库中选取参加鉴定的专家。

第五十五条 医疗卫生机构发现疑似职业病病人时，应当告知劳动者本人并及时通知用人单位。

用人单位应当及时安排对疑似职业病病人进行诊断；在疑似职业病病人诊断或者医学观察期间，不得解除或者终止与其订立的劳动合同。

疑似职业病病人在诊断、医学观察期间的费用，由用人单位承担。

第五十六条 用人单位应当保障职业病病人依法享受国家规定的职业病待遇。

用人单位应当按照国家有关规定，安排职业病病人进行治疗、康复和定期检查。

用人单位对不适宜继续从事原工作的职业病病人，应当调离原岗位，并妥善安置。

用人单位对从事接触职业病危害的作业的劳动者，应当给予适当岗位津贴。

第五十七条 职业病病人的诊疗、康复费用，伤残以及丧失劳动能力的职业病病人的社会保障，按照国家有关工伤保险的规定执行。

第五十八条 职业病病人除依法享有工伤保险外，依照有关民事法律，尚有获得赔偿的权利的，有权向用人单位提出赔偿要求。

第五十九条 劳动者被诊断患有职业病，但用人单位没有依法参加工伤保险的，其医疗和生活保障由该用人单位承担。

第六十条 职业病病人变动工作单位，其依法享有的待遇不变。

用人单位在发生分立、合并、解散、破产等情形时，应当对从事接触职业病危害的作业的劳动者进行健康检查，并按照国家有关规定妥善安置职业病病人。

第六十一条 用人单位已经不存在或者无法确认劳动关系的职业病病人，可以向地方人民政府医疗保障、民政部门申请医疗救助和生活等方面的救助。

地方各级人民政府应当根据本地区的实际情况，采取其他措施，使前款规定的职业病病人获得医疗救治。

第五章 监督检查

第六十二条 县级以上人民政府职业卫生监督管理部门依照职业病防治法律、法规、国家职业卫生标准和卫生要求，依据职责划分，对职业病防治工作进行监督检查。

第六十三条 卫生行政部门履行监督检查职责时，有权采取下列措施：

（一）进入被检查单位和职业病危害现场，了解情况，调查取证；

（二）查阅或者复制与违反职业病防治法律、法规的行为有关的资料和采集样品；

（三）责令违反职业病防治法律、法规的单位和个人停止违法行为。

第六十四条 发生职业病危害事故或者有证据证明危害状态可能导致职业病危害事故发生时，卫生行政部门可以采取下列临时控制措施：

（一）责令暂停导致职业病危害事故的作业；

（二）封存造成职业病危害事故或者可能导致职业病危害事故发生的材料和设备；

（三）组织控制职业病危害事故现场。

在职业病危害事故或者危害状态得到有效控制后，卫生行政部门应当及时解除控制措施。

第六十五条 职业卫生监督执法人员依法执行职务时，应当出示监督执法证件。

职业卫生监督执法人员应当忠于职守，秉公执法，严格遵守执法规范；涉及用人单位的秘密的，应当为其保密。

第六十六条 职业卫生监督执法人员依法执行职务时，被检查单位应当接受检查并予以支持配合，不得拒绝和阻碍。

第六十七条 卫生行政部门及其职业卫生监督执法人员履行职责时，不得有下列行为：

（一）对不符合法定条件的，发给建设项目有关证明文件、资质证明文件或者予以批准；

（二）对已经取得有关证明文件的，不履行监督检查职责；

（三）发现用人单位存在职业病危害的，可能造成职业病危害事故，不及时依法采取控制措施；

（四）其他违反本法的行为。

第六十八条 职业卫生监督执法人员应当依法经过资格认定。

职业卫生监督管理部门应当加强队伍建设，提高职业卫生监督执法人员的政治、业务素质，依照本法和其他有关法律、法规的规定，建立、健全内部监督制度，对其工作人员执行法律、法规和遵守纪律的情况，进行监督检查。

第六章 法律责任

第六十九条 建设单位违反本法规定，有下列行为之一的，由卫生行政部门给予警告，责令限期改正；逾期不改正的，处十万元以上五十万元以下的罚款；情节严重的，责令停止产生职业病危害的作业，或者提请有关人民政府按照国务院规定的权限责令停建、关闭：

（一）未按照规定进行职业病危害预评价的；

（二）医疗机构可能产生放射性职业病危害的建设项目未按照规定提交放射性职业病危害预评价报告，或者放射性职业病危害预评价报告未经卫生行政部门审核同意，开工建设的；

（三）建设项目的职业病防护设施未按照规定与主体工程同时设计、同时施工、同时投入生产和使用的；

（四）建设项目的职业病防护设施设计不符合国家职业卫生标准和卫生要求，或者医疗机构放射性职业病危害严重的建设项目的防护设施设计未经卫生行政部门审查同意擅自施工的；

（五）未按照规定对职业病防护设施进行职业病危害控制效果评价的；

（六）建设项目竣工投入生产和使用前，职业病防护设施未按照规定验收合格的。

第七十条 违反本法规定，有下列行为之一的，由卫生行政部门给予警告，责令限期改正；逾期不改正的，处十万元以下的罚款：

（一）工作场所职业病危害因素检测、评价结果没有存档、上报、公布的；

（二）未采取本法第二十条规定的职业病防治管理措施的；

（三）未按照规定公布有关职业病防治的规章制度、操作规程、职业病危害事故应急救援措施的；

（四）未按照规定组织劳动者进行职业卫生培训，或者未对劳动者个人职业病防护采取指导、督促措施的；

（五）国内首次使用或者首次进口与职业病危害有关的化学材料，未按照规定报送毒性鉴定资料以及经有关部门登记注册或者批准进口的文件的。

第七十一条 用人单位违反本法规定，有下列行为之一的，由卫生行政部门责令限期改正，给予警告，可以并处五万元以上十万元以下的罚款：

（一）未按照规定及时、如实向卫生行政部门申报产生职业病危害的项目的；

（二）未实施由专人负责的职业病危害因素日常监测，或者监测系统不能正常监测的；

（三）订立或者变更劳动合同时，未告知劳动者职业病危害真实情况的；

（四）未按照规定组织职业健康检查、建立职业健康监护档案或者未将检查结果书面告知劳动者的；

（五）未依照本法规定在劳动者离开用人单位时提供职业健康监护档案复印件的。

第七十二条 用人单位违反本法规定，有下列行为之一的，由卫生行政部门给予警告，责令限期改正，逾期不改正的，处五万元以上二十万元以下的罚款；情节严重的，责令停止产生职业病危害的作业，或者提请有关人民政府按照国务院规定的权限责令关闭：

（一）工作场所职业病危害因素的强度或者浓度超过国家职业卫生标准的；

（二）未提供职业病防护设施和个人使用的职业病防护用品，或者提供的职业病防护设施和个人使用的职业病防护用品不符合国家职业卫生标准和卫生要求的；

（三）对职业病防护设备、应急救援设施和个人使用的职业病防护用品未按照规定进行维护、检修、检测，或者不能保持正常运行、使用状态的；

（四）未按照规定对工作场所职业病危害因素进行检测、评价的；

（五）工作场所职业病危害因素经治理仍然达不到国家职业卫生标准和卫生要求时，未停止存在职业病危害因素的作业的；

（六）未按照规定安排职业病病人、疑似职业病病人进行诊治的；

（七）发生或者可能发生急性职业病危害事故时，未立即采取应急救援和控制措施或者未按照规定及时报告的；

（八）未按照规定在产生严重职业病危害的作业岗位醒目位置设置警示标识和中文警示说明的；

（九）拒绝职业卫生监督管理部门监督检查的；

（十）隐瞒、伪造、篡改、毁损职业健康监护档案、工作场所职业病危害因素检测评价结果等相关资料，或者拒不提供职业病诊断、鉴定所需资料的；

（十一）未按照规定承担职业病诊断、鉴定费用和职业病病人的医疗、生活保障费用的。

第七十三条 向用人单位提供可能产生职业病危害的设备、材料，未按照规定提供中文说明书或者设置警示标识和中文警示说明的，由卫生行政部门责令限期改正，给予警告，并处五万元以上二十万元以下的罚款。

第七十四条 用人单位和医疗卫生机构未按照规定报告职业病、疑似职业病的，由有关主管部门依据职责分工责令限期改正，给予警告，可以并处一万元以下的罚款；弄虚作假的，并处二万元以上五万元以下的罚款；对直接负责的主管人员和其他直接责任人员，可以依法给予降级或者撤职的处分。

第七十五条 违反本法规定，有下列情形之一的，由卫生行政部门责令限期治理，并处五万元以上三十万元以下的罚款；情节严重的，责令停止产生职业病危害的作业，或者提请有关人民政府按照国务院规定的权限责令关闭：

（一）隐瞒技术、工艺、设备、材料所产生的职业病危害而采用的；

（二）隐瞒本单位职业卫生真实情况的；

（三）可能发生急性职业损伤的有毒、有害工作场所、放射工作场所或者放射性同位素的运输、贮存不符合本法第二十五条规定的；

（四）使用国家明令禁止使用的可能产生职业病危害的设备或者材料的；

（五）将产生职业病危害的作业转移给没有职业病防护条件的单位和个人，或者没有

职业病防护条件的单位和个人接受产生职业病危害的作业的；

（六）擅自拆除、停止使用职业病防护设备或者应急救援设施的；

（七）安排未经职业健康检查的劳动者、有职业禁忌的劳动者、未成年工或者孕期、哺乳期女职工从事接触职业病危害的作业或者禁忌作业的；

（八）违章指挥和强令劳动者进行没有职业病防护措施的作业的。

第七十六条 生产、经营或者进口国家明令禁止使用的可能产生职业病危害的设备或者材料的，依照有关法律、行政法规的规定给予处罚。

第七十七条 用人单位违反本法规定，已经对劳动者生命健康造成严重损害的，由卫生行政部门责令停止产生职业病危害的作业，或者提请有关人民政府按照国务院规定的权限责令关闭，并处十万元以上五十万元以下的罚款。

第七十八条 用人单位违反本法规定，造成重大职业病危害事故或者其他严重后果，构成犯罪的，对直接负责的主管人员和其他直接责任人员，依法追究刑事责任。

第七十九条 未取得职业卫生技术服务资质认可擅自从事职业卫生技术服务的，由卫生行政部门责令立即停止违法行为，没收违法所得；违法所得五千元以上的，并处违法所得二倍以上十倍以下的罚款；没有违法所得或者违法所得不足五千元的，并处五千元以上五万元以下的罚款；情节严重的，对直接负责的主管人员和其他直接责任人员，依法给予降级、撤职或者开除的处分。

第八十条 从事职业卫生技术服务的机构和承担职业病诊断的医疗卫生机构违反本法规定，有下列行为之一的，由卫生行政部门责令立即停止违法行为，给予警告，没收违法所得；违法所得五千元以上的，并处违法所得二倍以上五倍以下的罚款；没有违法所得或者违法所得不足五千元的，并处五千元以上二万元以下的罚款；情节严重的，由原认可或者登记机关取消其相应的资格；对直接负责的主管人员和其他直接责任人员，依法给予降级、撤职或者开除的处分；构成犯罪的，依法追究刑事责任：

（一）超出资质认可或者诊疗项目登记范围从事职业卫生技术服务或者职业病诊断的；

（二）不按照本法规定履行法定职责的；

（三）出具虚假证明文件的。

第八十一条 职业病诊断鉴定委员会组成人员收受职业病诊断争议当事人的财物或者其他好处的，给予警告，没收收受的财物，可以并处三千元以上五万元以下的罚款，取消其担任职业病诊断鉴定委员会组成人员的资格，并从省、自治区、直辖市人民政府卫生行政部门设立的专家库中予以除名。

第八十二条 卫生行政部门不按照规定报告职业病和职业病危害事故的，由上一级行政部门责令改正，通报批评，给予警告；虚报、瞒报的，对单位负责人、直接负责的主管人员和其他直接责任人员依法给予降级、撤职或者开除的处分。

第八十三条 县级以上地方人民政府在职业病防治工作中未依照本法履行职责，本行政区域出现重大职业病危害事故、造成严重社会影响的，依法对直接负责的主管人员和其他直接责任人员给予记大过直至开除的处分。

县级以上人民政府职业卫生监督管理部门不履行本法规定的职责，滥用职权、玩忽职守、徇私舞弊，依法对直接负责的主管人员和其他直接责任人员给予记大过或者降级的处分；造成职业病危害事故或者其他严重后果的，依法给予撤职或者开除的处分。

第八十四条 违反本法规定，构成犯罪的，依法追究刑事责任。

第七章 附 则

第八十五条 本法下列用语的含义：

职业病危害，是指对从事职业活动的劳动者可能导致职业病的各种危害。职业病危害因素包括：职业活动中存在的各种有害的化学、物理、生物因素以及在作业过程中产生的其他职业有害因素。

职业禁忌，是指劳动者从事特定职业或者接触特定职业病危害因素时，比一般职业人群更易于遭受职业病危害和罹患职业病或者可能导致原有自身疾病病情加重，或者在从事作业过程中诱发可能导致对他人生命健康构成危险的疾病的个人特殊生理或者病理状态。

第八十六条 本法第二条规定的用人单位以外的单位，产生职业病危害的，其职业病防治活动可以参照本法执行。

劳务派遣用工单位应当履行本法规定的用人单位的义务。

中国人民解放军参照执行本法的办法，由国务院、中央军事委员会制定。

第八十七条 对医疗机构放射性职业病危害控制的监督管理，由卫生行政部门依照本法的规定实施。

第八十八条 本法自 2002 年 5 月 1 日起施行。

附录 2

工伤保险条例

（2003 年 4 月 27 日中华人民共和国国务院令第 375 号公布根据 2010 年 12 月 20 日《国务院关于修改〈工伤保险条例〉的决定》修订）

第一章　总　　则

第一条　为了保障因工作遭受事故伤害或者患职业病的职工获得医疗救治和经济补偿，促进工伤预防和职业康复，分散用人单位的工伤风险，制定本条例。

第二条　中华人民共和国境内的企业、事业单位、社会团体、民办非企业单位、基金会、律师事务所、会计师事务所等组织和有雇工的个体工商户（以下称用人单位）应当依照本条例规定参加工伤保险，为本单位全部职工或者雇工（以下称职工）缴纳工伤保险费。

中华人民共和国境内的企业、事业单位、社会团体、民办非企业单位、基金会、律师事务所、会计师事务所等组织的职工和个体工商户的雇工，均有依照本条例的规定享受工伤保险待遇的权利。

第三条　工伤保险费的征缴按照《社会保险费征缴暂行条例》关于基本养老保险费、基本医疗保险费、失业保险费的征缴规定执行。

第四条　用人单位应当将参加工伤保险的有关情况在本单位内公示。

用人单位和职工应当遵守有关安全生产和职业病防治的法律法规，执行安全卫生规程和标准，预防工伤事故发生，避免和减少职业病危害。

职工发生工伤时，用人单位应当采取措施使工伤职工得到及时救治。

第五条　国务院社会保险行政部门负责全国的工伤保险工作。

县级以上地方各级人民政府社会保险行政部门负责本行政区域内的工伤保险工作。

社会保险行政部门按照国务院有关规定设立的社会保险经办机构（以下称经办机构）具体承办工伤保险事务。

第六条　社会保险行政部门等部门制定工伤保险的政策、标准，应当征求工会组织、用人单位代表的意见。

第二章　工伤保险基金

第七条　工伤保险基金由用人单位缴纳的工伤保险费、工伤保险基金的利息和依法纳入工伤保险基金的其他资金构成。

第八条　工伤保险费根据以支定收、收支平衡的原则，确定费率。

国家根据不同行业的工伤风险程度确定行业的差别费率，并根据工伤保险费使用、工伤发生率等情况在每个行业内确定若干费率档次。行业差别费率及行业内费率档次由国务院社会保险行政部门制定，报国务院批准后公布施行。

统筹地区经办机构根据用人单位工伤保险费使用、工伤发生率等情况，适用所属行业内相应的费率档次确定单位缴费费率。

第九条　国务院社会保险行政部门应当定期了解全国各统筹地区工伤保险基金收支情况，及时提出调整行业差别费率及行业内费率档次的方案，报国务院批准后公布施行。

第十条　用人单位应当按时缴纳工伤保险费。职工个人不缴纳工伤保险费。

用人单位缴纳工伤保险费的数额为本单位职工工资总额乘以单位缴费费率之积。

对难以按照工资总额缴纳工伤保险费的行业，其缴纳工伤保险费的具体方式，由国务院社会保险行政部门规定。

第十一条　工伤保险基金逐步实行省级统筹。

跨地区、生产流动性较大的行业，可以采取相对集中的方式异地参加统筹地区的工伤保险。具体办法由国务院社会保险行政部门会同有关行业的主管部门制定。

第十二条　工伤保险基金存入社会保障基金财政专户，用于本条例规定的工伤保险待遇，劳动能力鉴定，工伤预防的宣传、培训等费用，以及法律、法规规定的用于工伤保险的其他费用的支付。

工伤预防费用的提取比例、使用和管理的具体办法，由国务院社会保险行政部门会同国务院财政、卫生行政、安全生产监督管理等部门规定。

任何单位或者个人不得将工伤保险基金用于投资运营、兴建或者改建办公场所、发放奖金，或者挪作其他用途。

第十三条　工伤保险基金应当留有一定比例的储备金，用于统筹地区重大事故的工伤保险待遇支付；储备金不足支付的，由统筹地区的人民政府垫付。储备金占基金总额的具体比例和储备金的使用办法，由省、自治区、直辖市人民政府规定。

第三章　工 伤 认 定

第十四条　职工有下列情形之一的，应当认定为工伤：

（一）在工作时间和工作场所内，因工作原因受到事故伤害的；

（二）工作时间前后在工作场所内，从事与工作有关的预备性或者收尾性工作受到事故伤害的；

（三）在工作时间和工作场所内，因履行工作职责受到暴力等意外伤害的；

（四）患职业病的；

（五）因工外出期间，由于工作原因受到伤害或者发生事故下落不明的；

（六）在上下班途中，受到非本人主要责任的交通事故或者城市轨道交通、客运轮渡、火车事故伤害的；

（七）法律、行政法规规定应当认定为工伤的其他情形。

第十五条 职工有下列情形之一的，视同工伤：

（一）在工作时间和工作岗位，突发疾病死亡或者在 48 小时之内经抢救无效死亡的；

（二）在抢险救灾等维护国家利益、公共利益活动中受到伤害的；

（三）职工原在军队服役，因战、因公负伤致残，已取得革命伤残军人证，到用人单位后旧伤复发的。

职工有前款第（一）项、第（二）项情形的，按照本条例的有关规定享受工伤保险待遇；职工有前款第（三）项情形的，按照本条例的有关规定享受除一次性伤残补助金以外的工伤保险待遇。

第十六条 职工符合本条例第十四条、第十五条的规定，但是有下列情形之一的，不得认定为工伤或者视同工伤：

（一）故意犯罪的；

（二）醉酒或者吸毒的；

（三）自残或者自杀的。

第十七条 职工发生事故伤害或者按照职业病防治法规定被诊断、鉴定为职业病，所在单位应当自事故伤害发生之日或者被诊断、鉴定为职业病之日起 30 日内，向统筹地区社会保险行政部门提出工伤认定申请。遇有特殊情况，经报社会保险行政部门同意，申请时限可以适当延长。

用人单位未按前款规定提出工伤认定申请的，工伤职工或者其近亲属、工会组织在事故伤害发生之日或者被诊断、鉴定为职业病之日起 1 年内，可以直接向用人单位所在地统筹地区社会保险行政部门提出工伤认定申请。

按照本条第一款规定应当由省级社会保险行政部门进行工伤认定的事项，根据属地原则由用人单位所在地的设区的市级社会保险行政部门办理。

用人单位未在本条第一款规定的时限内提交工伤认定申请，在此期间发生符合本条例规定的工伤待遇等有关费用由该用人单位负担。

第十八条 提出工伤认定申请应当提交下列材料：

（一）工伤认定申请表；

（二）与用人单位存在劳动关系（包括事实劳动关系）的证明材料；

（三）医疗诊断证明或者职业病诊断证明书（或者职业病诊断鉴定书）。

工伤认定申请表应当包括事故发生的时间、地点、原因以及职工伤害程度等基本情况。

工伤认定申请人提供材料不完整的，社会保险行政部门应当一次性书面告知工伤认定申请人需要补正的全部材料。申请人按照书面告知要求补正材料后，社会保险行政部门应当受理。

第十九条 社会保险行政部门受理工伤认定申请后，根据审核需要可以对事故伤害进行调查核实，用人单位、职工、工会组织、医疗机构以及有关部门应当予以协助。职业病诊断和诊断争议的鉴定，依照职业病防治法的有关规定执行。对依法取得职业病诊断证明书或者职业病诊断鉴定书的，社会保险行政部门不再进行调查核实。

职工或者其近亲属认为是工伤，用人单位不认为是工伤的，由用人单位承担举证责任。

第二十条 社会保险行政部门应当自受理工伤认定申请之日起 60 日内作出工伤认定的决定，并书面通知申请工伤认定的职工或者其近亲属和该职工所在单位。

社会保险行政部门对受理的事实清楚、权利义务明确的工伤认定申请，应当在 15 日内作出工伤认定的决定。

作出工伤认定决定需要以司法机关或者有关行政主管部门的结论为依据的，在司法机关或者有关行政主管部门尚未作出结论期间，作出工伤认定决定的时限中止。

社会保险行政部门工作人员与工伤认定申请人有利害关系的，应当回避。

第四章 劳动能力鉴定

第二十一条 职工发生工伤，经治疗伤情相对稳定后存在残疾、影响劳动能力的，应当进行劳动能力鉴定。

第二十二条 劳动能力鉴定是指劳动功能障碍程度和生活自理障碍程度的等级鉴定。

劳动功能障碍分为十个伤残等级，最重的为一级，最轻的为十级。

生活自理障碍分为三个等级：生活完全不能自理、生活大部分不能自理和生活部分不能自理。

劳动能力鉴定标准由国务院社会保险行政部门会同国务院卫生行政部门等部门制定。

第二十三条 劳动能力鉴定由用人单位、工伤职工或者其近亲属向设区的市级劳动能力鉴定委员会提出申请，并提供工伤认定决定和职工工伤医疗的有关资料。

第二十四条 省、自治区、直辖市劳动能力鉴定委员会和设区的市级劳动能力鉴定委员会分别由省、自治区、直辖市和设区的市级社会保险行政部门、卫生行政部门、工会组织、经办机构代表以及用人单位代表组成。

劳动能力鉴定委员会建立医疗卫生专家库。列入专家库的医疗卫生专业技术人员应当具备下列条件：

（一）具有医疗卫生高级专业技术职务任职资格；

（二）掌握劳动能力鉴定的相关知识；

（三）具有良好的职业品德。

第二十五条 设区的市级劳动能力鉴定委员会收到劳动能力鉴定申请后，应当从其建立的医疗卫生专家库中随机抽取 3 名或者 5 名相关专家组成专家组，由专家组提出鉴定意见。设区的市级劳动能力鉴定委员会根据专家组的鉴定意见作出工伤职工劳动能力鉴定结论；必要时，可以委托具备资格的医疗机构协助进行有关的诊断。

设区的市级劳动能力鉴定委员会应当自收到劳动能力鉴定申请之日起 60 日内作出劳

动能力鉴定结论，必要时，作出劳动能力鉴定结论的期限可以延长 30 日。劳动能力鉴定结论应当及时送达申请鉴定的单位和个人。

第二十六条　申请鉴定的单位或者个人对设区的市级劳动能力鉴定委员会作出的鉴定结论不服的，可以在收到该鉴定结论之日起 15 日内向省、自治区、直辖市劳动能力鉴定委员会提出再次鉴定申请。省、自治区、直辖市劳动能力鉴定委员会作出的劳动能力鉴定结论为最终结论。

第二十七条　劳动能力鉴定工作应当客观、公正。劳动能力鉴定委员会组成人员或者参加鉴定的专家与当事人有利害关系的，应当回避。

第二十八条　自劳动能力鉴定结论作出之日起 1 年后，工伤职工或者其近亲属、所在单位或者经办机构认为伤残情况发生变化的，可以申请劳动能力复查鉴定。

第二十九条　劳动能力鉴定委员会依照本条例第二十六条和第二十八条的规定进行再次鉴定和复查鉴定的期限，依照本条例第二十五条第二款的规定执行。

第五章　工伤保险待遇

第三十条　职工因工作遭受事故伤害或者患职业病进行治疗，享受工伤医疗待遇。

职工治疗工伤应当在签订服务协议的医疗机构就医，情况紧急时可以先到就近的医疗机构急救。

治疗工伤所需费用符合工伤保险诊疗项目目录、工伤保险药品目录、工伤保险住院服务标准的，从工伤保险基金支付。工伤保险诊疗项目目录、工伤保险药品目录、工伤保险住院服务标准，由国务院社会保险行政部门会同国务院卫生行政部门、食品药品监督管理部门等部门规定。

职工住院治疗工伤的伙食补助费，以及经医疗机构出具证明，报经办机构同意，工伤职工到统筹地区以外就医所需的交通、食宿费用从工伤保险基金支付，基金支付的具体标准由统筹地区人民政府规定。

工伤职工治疗非工伤引发的疾病，不享受工伤医疗待遇，按照基本医疗保险办法处理。

工伤职工到签订服务协议的医疗机构进行工伤康复的费用，符合规定的，从工伤保险基金支付。

第三十一条　社会保险行政部门作出认定为工伤的决定后发生行政复议、行政诉讼的，行政复议和行政诉讼期间不停止支付工伤职工治疗工伤的医疗费用。

第三十二条　工伤职工因日常生活或者就业需要，经劳动能力鉴定委员会确认，可以安装假肢、矫形器、假眼、假牙和配置轮椅等辅助器具，所需费用按照国家规定的标准从工伤保险基金支付。

第三十三条　职工因工作遭受事故伤害或者患职业病需要暂停工作接受工伤医疗的，在停工留薪期内，原工资福利待遇不变，由所在单位按月支付。

停工留薪期一般不超过 12 个月。伤情严重或者情况特殊，经设区的市级劳动能力鉴定委员会确认，可以适当延长，但延长不得超过 12 个月。工伤职工评定伤残等级后，停发原待遇，按照本章的有关规定享受伤残待遇。工伤职工在停工留薪期满后仍需治疗的，继续享受工伤医疗待遇。

生活不能自理的工伤职工在停工留薪期需要护理的，由所在单位负责。

第三十四条 工伤职工已经评定伤残等级并经劳动能力鉴定委员会确认需要生活护理的，从工伤保险基金按月支付生活护理费。

生活护理费按照生活完全不能自理、生活大部分不能自理或者生活部分不能自理3个不同等级支付，其标准分别为统筹地区上年度职工月平均工资的50%、40%或者30%。

第三十五条 职工因工致残被鉴定为一级至四级伤残的，保留劳动关系，退出工作岗位，享受以下待遇：

（一）从工伤保险基金按伤残等级支付一次性伤残补助金，标准为：一级伤残为27个月的本人工资，二级伤残为25个月的本人工资，三级伤残为23个月的本人工资，四级伤残为21个月的本人工资；

（二）从工伤保险基金按月支付伤残津贴，标准为：一级伤残为本人工资的90%，二级伤残为本人工资的85%，三级伤残为本人工资的80%，四级伤残为本人工资的75%。伤残津贴实际金额低于当地最低工资标准的，由工伤保险基金补足差额；

（三）工伤职工达到退休年龄并办理退休手续后，停发伤残津贴，按照国家有关规定享受基本养老保险待遇。基本养老保险待遇低于伤残津贴的，由工伤保险基金补足差额。

职工因工致残被鉴定为一级至四级伤残的，由用人单位和职工个人以伤残津贴为基数，缴纳基本医疗保险费。

第三十六条 职工因工致残被鉴定为五级、六级伤残的，享受以下待遇：

（一）从工伤保险基金按伤残等级支付一次性伤残补助金，标准为：五级伤残为18个月的本人工资，六级伤残为16个月的本人工资；

（二）保留与用人单位的劳动关系，由用人单位安排适当工作。难以安排工作的，由用人单位按月发给伤残津贴，标准为：五级伤残为本人工资的70%，六级伤残为本人工资的60%，并由用人单位按照规定为其缴纳应缴纳的各项社会保险费。伤残津贴实际金额低于当地最低工资标准的，由用人单位补足差额。

经工伤职工本人提出，该职工可以与用人单位解除或者终止劳动关系，由工伤保险基金支付一次性工伤医疗补助金，由用人单位支付一次性伤残就业补助金。一次性工伤医疗补助金和一次性伤残就业补助金的具体标准由省、自治区、直辖市人民政府规定。

第三十七条 职工因工致残被鉴定为七级至十级伤残的，享受以下待遇：

（一）从工伤保险基金按伤残等级支付一次性伤残补助金，标准为：七级伤残为13个月的本人工资，八级伤残为11个月的本人工资，九级伤残为9个月的本人工资，十级伤残为7个月的本人工资；

（二）劳动、聘用合同期满终止，或者职工本人提出解除劳动、聘用合同的，由工伤保险基金支付一次性工伤医疗补助金，由用人单位支付一次性伤残就业补助金。一次性工伤医疗补助金和一次性伤残就业补助金的具体标准由省、自治区、直辖市人民政府规定。

第三十八条 工伤职工工伤复发，确认需要治疗的，享受本条例第三十条、第三十二条和第三十三条规定的工伤待遇。

第三十九条 职工因工死亡，其近亲属按照下列规定从工伤保险基金领取丧葬补助金、供养亲属抚恤金和一次性工亡补助金：

（一）丧葬补助金为 6 个月的统筹地区上年度职工月平均工资。

（二）供养亲属抚恤金按照职工本人工资的一定比例发给由因工死亡职工生前提供主要生活来源、无劳动能力的亲属。标准为：配偶每月 40%，其他亲属每人每月 30%，孤寡老人或者孤儿每人每月在上述标准的基础上增加 10%。核定的各供养亲属的抚恤金之和不应高于因工死亡职工生前的工资。供养亲属的具体范围由国务院社会保险行政部门规定。

（三）一次性工亡补助金标准为上一年度全国城镇居民人均可支配收入的 20 倍。

伤残职工在停工留薪期内因工伤导致死亡的，其近亲属享受本条第一款规定的待遇。

一级至四级伤残职工在停工留薪期满后死亡的，其近亲属可以享受本条第一款第（一）项、第（二）项规定的待遇。

第四十条 伤残津贴、供养亲属抚恤金、生活护理费由统筹地区社会保险行政部门根据职工平均工资和生活费用变化等情况适时调整。调整办法由省、自治区、直辖市人民政府规定。

第四十一条 职工因工外出期间发生事故或者在抢险救灾中下落不明的，从事故发生当月起 3 个月内照发工资，从第 4 个月起停发工资，由工伤保险基金向其供养亲属按月支付供养亲属抚恤金。生活有困难的，可以预支一次性工亡补助金的 50%。职工被人民法院宣告死亡的，按照本条例第三十九条职工因工死亡的规定处理。

第四十二条 工伤职工有下列情形之一的，停止享受工伤保险待遇：

（一）丧失享受待遇条件的；

（二）拒不接受劳动能力鉴定的；

（三）拒绝治疗的。

第四十三条 用人单位分立、合并、转让的，承继单位应当承担原用人单位的工伤保险责任；原用人单位已经参加工伤保险的，承继单位应当到当地经办机构办理工伤保险变更登记。

用人单位实行承包经营的，工伤保险责任由职工劳动关系所在单位承担。

职工被借调期间受到工伤事故伤害的，由原用人单位承担工伤保险责任，但原用人单位与借调单位可以约定补偿办法。

企业破产的，在破产清算时依法拨付应当由单位支付的工伤保险待遇费用。

第四十四条 职工被派遣出境工作，依据前往国家或者地区的法律应当参加当地工伤保险的，参加当地工伤保险，其国内工伤保险关系中止；不能参加当地工伤保险的，其国内工伤保险关系不中止。

第四十五条 职工再次发生工伤，根据规定应当享受伤残津贴的，按照新认定的伤残等级享受伤残津贴待遇。

第六章 监督管理

第四十六条 经办机构具体承办工伤保险事务，履行下列职责：

（一）根据省、自治区、直辖市人民政府规定，征收工伤保险费；

（二）核查用人单位的工资总额和职工人数，办理工伤保险登记，并负责保存用人单位缴费和职工享受工伤保险待遇情况的记录；

（三）进行工伤保险的调查、统计；

（四）按照规定管理工伤保险基金的支出；

（五）按照规定核定工伤保险待遇；

（六）为工伤职工或者其近亲属免费提供咨询服务。

第四十七条 经办机构与医疗机构、辅助器具配置机构在平等协商的基础上签订服务协议，并公布签订服务协议的医疗机构、辅助器具配置机构的名单。具体办法由国务院社会保险行政部门分别会同国务院卫生行政部门、民政部门等部门制定。

第四十八条 经办机构按照协议和国家有关目录、标准对工伤职工医疗费用、康复费用、辅助器具费用的使用情况进行核查，并按时足额结算费用。

第四十九条 经办机构应当定期公布工伤保险基金的收支情况，及时向社会保险行政部门提出调整费率的建议。

第五十条 社会保险行政部门、经办机构应当定期听取工伤职工、医疗机构、辅助器具配置机构以及社会各界对改进工伤保险工作的意见。

第五十一条 社会保险行政部门依法对工伤保险费的征缴和工伤保险基金的支付情况进行监督检查。

财政部门和审计机关依法对工伤保险基金的收支、管理情况进行监督。

第五十二条 任何组织和个人对有关工伤保险的违法行为，有权举报。社会保险行政部门对举报应当及时调查，按照规定处理，并为举报人保密。

第五十三条 工会组织依法维护工伤职工的合法权益，对用人单位的工伤保险工作实行监督。

第五十四条 职工与用人单位发生工伤待遇方面的争议，按照处理劳动争议的有关规定处理。

第五十五条 有下列情形之一的，有关单位或者个人可以依法申请行政复议，也可以依法向人民法院提起行政诉讼：

（一）申请工伤认定的职工或者其近亲属、该职工所在单位对工伤认定申请不予受理的决定不服的；

（二）申请工伤认定的职工或者其近亲属、该职工所在单位对工伤认定结论不服的；

（三）用人单位对经办机构确定的单位缴费费率不服的；

（四）签订服务协议的医疗机构、辅助器具配置机构认为经办机构未履行有关协议或者规定的；

（五）工伤职工或者其近亲属对经办机构核定的工伤保险待遇有异议的。

第七章 法律责任

第五十六条 单位或者个人违反本条例第十二条规定挪用工伤保险基金，构成犯罪的，依法追究刑事责任；尚不构成犯罪的，依法给予处分或者纪律处分。被挪用的基金由社会保险行政部门追回，并入工伤保险基金；没收的违法所得依法上缴国库。

第五十七条 社会保险行政部门工作人员有下列情形之一的，依法给予处分；情节严重，构成犯罪的，依法追究刑事责任：

（一）无正当理由不受理工伤认定申请，或者弄虚作假将不符合工伤条件的人员认定为工伤职工的；

（二）未妥善保管申请工伤认定的证据材料，致使有关证据灭失的；

（三）收受当事人财物的。

第五十八条 经办机构有下列行为之一的，由社会保险行政部门责令改正，对直接负责的主管人员和其他责任人员依法给予纪律处分；情节严重，构成犯罪的，依法追究刑事责任；造成当事人经济损失的，由经办机构依法承担赔偿责任：

（一）未按规定保存用人单位缴费和职工享受工伤保险待遇情况记录的；

（二）不按规定核定工伤保险待遇的；

（三）收受当事人财物的。

第五十九条 医疗机构、辅助器具配置机构不按服务协议提供服务的，经办机构可以解除服务协议。

经办机构不按时足额结算费用的，由社会保险行政部门责令改正；医疗机构、辅助器具配置机构可以解除服务协议。

第六十条 用人单位、工伤职工或者其近亲属骗取工伤保险待遇，医疗机构、辅助器具配置机构骗取工伤保险基金支出的，由社会保险行政部门责令退还，处骗取金额 2 倍以上 5 倍以下的罚款；情节严重，构成犯罪的，依法追究刑事责任。

第六十一条 从事劳动能力鉴定的组织或者个人有下列情形之一的，由社会保险行政部门责令改正，处 2 000 元以上 1 万元以下的罚款；情节严重，构成犯罪的，依法追究刑事责任：

（一）提供虚假鉴定意见的；

（二）提供虚假诊断证明的；

（三）收受当事人财物的。

第六十二条 用人单位依照本条例规定应当参加工伤保险而未参加的，由社会保险行政部门责令限期参加，补缴应当缴纳的工伤保险费，并自欠缴之日起，按日加收万分之五的滞纳金；逾期仍不缴纳的，处欠缴数额 1 倍以上 3 倍以下的罚款。

依照本条例规定应当参加工伤保险而未参加工伤保险的用人单位职工发生工伤的，由该用人单位按照本条例规定的工伤保险待遇项目和标准支付费用。

用人单位参加工伤保险并补缴应当缴纳的工伤保险费、滞纳金后，由工伤保险基金和用人单位依照本条例的规定支付新发生的费用。

第六十三条 用人单位违反本条例第十九条的规定，拒不协助社会保险行政部门对事故进行调查核实的，由社会保险行政部门责令改正，处 2 000 元以上 2 万元以下的罚款。

第八章 附 则

第六十四条 本条例所称工资总额，是指用人单位直接支付给本单位全部职工的劳动报酬总额。

本条例所称本人工资，是指工伤职工因工作遭受事故伤害或者患职业病前 12 个月平均月缴费工资。本人工资高于统筹地区职工平均工资 300%的，按照统筹地区职工平均工资的 300%计算；本人工资低于统筹地区职工平均工资 60%的，按照统筹地区职工平均工资的 60%计算。

第六十五条 公务员和参照公务员法管理的事业单位、社会团体的工作人员因工作遭受事故伤害或者患职业病的，由所在单位支付费用。具体办法由国务院社会保险行政部门会同国务院财政部门规定。

第六十六条 无营业执照或者未经依法登记、备案的单位以及被依法吊销营业执照或者撤销登记、备案的单位的职工受到事故伤害或者患职业病的，由该单位向伤残职工或者死亡职工的近亲属给予一次性赔偿，赔偿标准不得低于本条例规定的工伤保险待遇；用人单位不得使用童工，用人单位使用童工造成童工伤残、死亡的，由该单位向童工或者童工的近亲属给予一次性赔偿，赔偿标准不得低于本条例规定的工伤保险待遇。具体办法由国务院社会保险行政部门规定。

前款规定的伤残职工或者死亡职工的近亲属就赔偿数额与单位发生争议的，以及前款规定的童工或者童工的近亲属就赔偿数额与单位发生争议的，按照处理劳动争议的有关规定处理。

第六十七条 本条例自 2004 年 1 月 1 日起施行。本条例施行前已受到事故伤害或者患职业病的职工尚未完成工伤认定的，按照本条例的规定执行。

附录 3

工伤职工劳动能力鉴定管理办法

(《工伤职工劳动能力鉴定管理办法》已经人力资源社会保障部部务会、国家卫生计生委委主任会议讨论通过，现予公布，自 2014 年 4 月 1 日起施行)

第一章　总　　则

第一条　为了加强劳动能力鉴定管理，规范劳动能力鉴定程序，根据《中华人民共和国社会保险法》、《中华人民共和国职业病防治法》和《工伤保险条例》，制定本办法。

第二条　劳动能力鉴定委员会依据《劳动能力鉴定　职工工伤与职业病致残等级》国家标准，对工伤职工劳动功能障碍程度和生活自理障碍程度组织进行技术性等级鉴定，适用本办法。

第三条　省、自治区、直辖市劳动能力鉴定委员会和设区的市级（含直辖市的市辖区、县，下同）劳动能力鉴定委员会分别由省、自治区、直辖市和设区的市级人力资源社会保障行政部门、卫生计生行政部门、工会组织、用人单位代表以及社会保险经办机构代表组成。

承担劳动能力鉴定委员会日常工作的机构，其设置方式由各地根据实际情况决定。

第四条　劳动能力鉴定委员会履行下列职责：

（一）选聘医疗卫生专家，组建医疗卫生专家库，对专家进行培训和管理；

（二）组织劳动能力鉴定；

（三）根据专家组的鉴定意见作出劳动能力鉴定结论；

（四）建立完整的鉴定数据库，保管鉴定工作档案 50 年；

（五）法律、法规、规章规定的其他职责。

第五条　设区的市级劳动能力鉴定委员会负责本辖区内的劳动能力初次鉴定、复查鉴定。

省、自治区、直辖市劳动能力鉴定委员会负责对初次鉴定或者复查鉴定结论不服提出的再次鉴定。

第六条　劳动能力鉴定相关政策、工作制度和业务流程应当向社会公开。

第二章 鉴定程序

第七条 职工发生工伤，经治疗伤情相对稳定后存在残疾、影响劳动能力的，或者停工留薪期满（含劳动能力鉴定委员会确认的延长期限），工伤职工或者其用人单位应当及时向设区的市级劳动能力鉴定委员会提出劳动能力鉴定申请。

第八条 申请劳动能力鉴定应当填写劳动能力鉴定申请表，并提交下列材料：

（一）《工伤认定决定书》原件和复印件；

（二）有效的诊断证明、按照医疗机构病历管理有关规定复印或者复制的检查、检验报告等完整病历材料；

（三）工伤职工的居民身份证或者社会保障卡等其他有效身份证明原件和复印件；

（四）劳动能力鉴定委员会规定的其他材料。

第九条 劳动能力鉴定委员会收到劳动能力鉴定申请后，应当及时对申请人提交的材料进行审核；申请人提供材料不完整的，劳动能力鉴定委员会应当自收到劳动能力鉴定申请之日起5个工作日内一次性书面告知申请人需要补正的全部材料。

申请人提供材料完整的，劳动能力鉴定委员会应当及时组织鉴定，并在收到劳动能力鉴定申请之日起60日内作出劳动能力鉴定结论。伤情复杂、涉及医疗卫生专业较多的，作出劳动能力鉴定结论的期限可以延长30日。

第十条 劳动能力鉴定委员会应当视伤情程度等从医疗卫生专家库中随机抽取3名或者5名与工伤职工伤情相关科别的专家组成专家组进行鉴定。

第十一条 劳动能力鉴定委员会应当提前通知工伤职工进行鉴定的时间、地点以及应当携带的材料。工伤职工应当按照通知的时间、地点参加现场鉴定。对行动不便的工伤职工，劳动能力鉴定委员会可以组织专家上门进行劳动能力鉴定。组织劳动能力鉴定的工作人员应当对工伤职工的身份进行核实。

工伤职工因故不能按时参加鉴定的，经劳动能力鉴定委员会同意，可以调整现场鉴定的时间，作出劳动能力鉴定结论的期限相应顺延。

第十二条 因鉴定工作需要，专家组提出应当进行有关检查和诊断的，劳动能力鉴定委员会可以委托具备资格的医疗机构协助进行有关的检查和诊断。

第十三条 专家组根据工伤职工伤情，结合医疗诊断情况，依据《劳动能力鉴定 职工工伤与职业病致残等级》国家标准提出鉴定意见。参加鉴定的专家都应当签署意见并签名。

专家意见不一致时，按照少数服从多数的原则确定专家组的鉴定意见。

第十四条 劳动能力鉴定委员会根据专家组的鉴定意见作出劳动能力鉴定结论。劳动能力鉴定结论书应当载明下列事项：

（一）工伤职工及其用人单位的基本信息；

（二）伤情介绍，包括伤残部位、器官功能障碍程度、诊断情况等；

（三）作出鉴定的依据；

（四）鉴定结论。

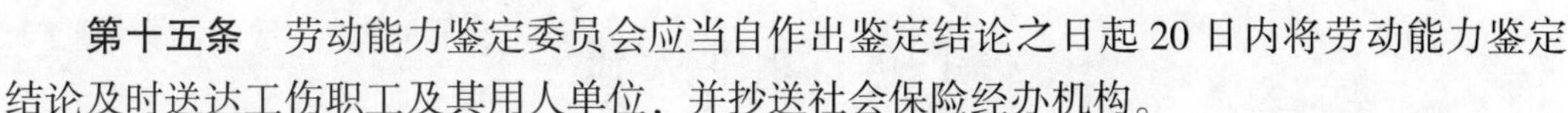

第十五条 劳动能力鉴定委员会应当自作出鉴定结论之日起20日内将劳动能力鉴定结论及时送达工伤职工及其用人单位，并抄送社会保险经办机构。

第十六条 工伤职工或者其用人单位对初次鉴定结论不服的，可以在收到该鉴定结论之日起15日内向省、自治区、直辖市劳动能力鉴定委员会申请再次鉴定。

申请再次鉴定，除提供本办法第八条规定的材料外，还需提交劳动能力初次鉴定结论原件和复印件。

省、自治区、直辖市劳动能力鉴定委员会作出的劳动能力鉴定结论为最终结论。

第十七条 自劳动能力鉴定结论作出之日起1年后，工伤职工、用人单位或者社会保险经办机构认为伤残情况发生变化的，可以向设区的市级劳动能力鉴定委员会申请劳动能力复查鉴定。

对复查鉴定结论不服的，可以按照本办法第十六条规定申请再次鉴定。

第十八条 工伤职工本人因身体等原因无法提出劳动能力初次鉴定、复查鉴定、再次鉴定申请的，可由其近亲属代为提出。

第十九条 再次鉴定和复查鉴定的程序、期限等按照本办法第九条至第十五条的规定执行。

第三章 监督管理

第二十条 劳动能力鉴定委员会应当每3年对专家库进行一次调整和补充，实行动态管理。确有需要的，可以根据实际情况适时调整。

第二十一条 劳动能力鉴定委员会选聘医疗卫生专家，聘期一般为3年，可以连续聘任。

聘任的专家应当具备下列条件：

（一）具有医疗卫生高级专业技术职务任职资格；

（二）掌握劳动能力鉴定的相关知识；

（三）具有良好的职业品德。

第二十二条 参加劳动能力鉴定的专家应当按照规定的时间、地点进行现场鉴定，严格执行劳动能力鉴定政策和标准，客观、公正地提出鉴定意见。

第二十三条 用人单位、工伤职工或者其近亲属应当如实提供鉴定需要的材料，遵守劳动能力鉴定相关规定，按照要求配合劳动能力鉴定工作。

工伤职工有下列情形之一的，当次鉴定终止：

（一）无正当理由不参加现场鉴定的；

（二）拒不参加劳动能力鉴定委员会安排的检查和诊断的。

第二十四条 医疗机构及其医务人员应当如实出具与劳动能力鉴定有关的各项诊断证明和病历材料。

第二十五条 劳动能力鉴定委员会组成人员、劳动能力鉴定工作人员以及参加鉴定的专家与当事人有利害关系的，应当回避。

第二十六条 任何组织或者个人有权对劳动能力鉴定中的违法行为进行举报、投诉。

第四章 法律责任

第二十七条 劳动能力鉴定委员会和承担劳动能力鉴定委员会日常工作的机构及其工作人员在从事或者组织劳动能力鉴定时，有下列行为之一的，由人力资源社会保障行政部门或者有关部门责令改正，对直接负责的主管人员和其他直接责任人员依法给予相应处分；构成犯罪的，依法追究刑事责任：

（一）未及时审核并书面告知申请人需要补正的全部材料的；

（二）未在规定期限内作出劳动能力鉴定结论的；

（三）未按照规定及时送达劳动能力鉴定结论的；

（四）未按照规定随机抽取相关科别专家进行鉴定的；

（五）擅自篡改劳动能力鉴定委员会作出的鉴定结论的；

（六）利用职务之便非法收受当事人财物的；

（七）有违反法律法规和本办法的其他行为的。

第二十八条 从事劳动能力鉴定的专家有下列行为之一的，劳动能力鉴定委员会应当予以解聘；情节严重的，由卫生计生行政部门依法处理：

（一）提供虚假鉴定意见的；

（二）利用职务之便非法收受当事人财物的；

（三）无正当理由不履行职责的；

（四）有违反法律法规和本办法的其他行为的。

第二十九条 参与工伤救治、检查、诊断等活动的医疗机构及其医务人员有下列情形之一的，由卫生计生行政部门依法处理：

（一）提供与病情不符的虚假诊断证明的；

（二）篡改、伪造、隐匿、销毁病历材料的；

（三）无正当理由不履行职责的。

第三十条 以欺诈、伪造证明材料或者其他手段骗取鉴定结论、领取工伤保险待遇的，按照《中华人民共和国社会保险法》第八十八条的规定，由人力资源社会保障行政部门责令退回骗取的社会保险金，处骗取金额2倍以上5倍以下的罚款。

第五章 附 则

第三十一条 未参加工伤保险的公务员和参照公务员法管理的事业单位、社会团体工作人员因工（公）致残的劳动能力鉴定，参照本办法执行。

第三十二条 本办法中的劳动能力鉴定申请表、初次（复查）鉴定结论书、再次鉴定结论书、劳动能力鉴定材料收讫补正告知书等文书基本样式由人力资源社会保障部制定。

第三十三条 本办法自2014年4月1日起施行。

附录 4

《劳动能力鉴定　职工工伤与职业病致残等级》（GB/T 16180—2014）（节选）

5　职工工伤与职业病致残等级分级（与尘肺病相关）

5.1　一级

5.1.1　定级原则，器官缺失或功能完全丧失，其他器官不能代偿，存在特殊医疗依赖，或完全或大部分或部分生活自理障碍。

5.1.2　一级条款系列，凡符合 5.1.1 或下列条款之一者均为工伤一级。

17）尘肺叁期伴肺功能重度损伤及（或）重度低氧血症［PO_2<5.3 kPa（<40 mmHg）］；

20）职业性肺癌伴肺功能重度损伤；

5.2　二级

5.2.1　定级原则，器官严重缺损或畸形，有严重功能障碍或并发症，存在特殊医疗依赖，或大部分或部分生活自理障碍。

5.2.2　二级条款系列，凡符合 5.2.1 或下列条款之一者均为工伤二级。

29）尘肺叁期伴肺功能中度损伤及（或）中度低氧血症；

30）尘肺贰期伴肺功能重度损伤及（或）重度低氧血症［PO_2<5.3 kPa（40 mmHg）］；

31）尘肺叁期伴活动性肺结核；

32）职业性肺癌或胸膜间皮瘤；

5.3　三级

5.3.1　定级原则，器官严重缺损或畸形，有严重功能障碍或并发症，存在特殊医疗依赖，或部分生活自理障碍。

5.3.2　三级条款系列，凡符合 5.3.1 或下列条款之一者均为工伤三级。

37）尘肺叁期；

38）尘肺贰期伴肺功能中度损伤及（或）中度低氧血症；

39）尘肺贰期合并活动性肺结核；

5.4　四级

5.4.1　定级原则，器官严重缺损或畸形，有严重功能障碍或并发症，存在特殊医疗依赖，或部分生活自理障碍或无生活自理障碍。

5.4.2 四级条款系列，凡符合 5.4.1 或下列条款之一者均为工伤四级。

50）尘肺贰期；

51）尘肺壹期伴肺功能中度损伤及（或）中度低氧血症；

52）尘肺壹期伴活动性肺结核；

5.5 五级

5.5.1 定级原则，器官大部缺损或明显畸形，有较重功能障碍或并发症，存在一般医疗依赖，无生活自理障碍。

5.5.2 五级条款系列，凡符合 5.5.1 或下列条款之一者均为工伤五级。

56）肺功能中度损伤或中度低氧血症；

5.6 六级

5.6.1 定级原则，器官大部缺损或明显畸形，有中等功能障碍或并发症，存在一般医疗依赖，无生活自理障碍。

5.6.2 六级条款系列，凡符合 5.6.1 或下列条款之一者均为工伤六级。

66）尘肺壹期伴肺功能轻度损伤及（或）轻度低氧血症；

5.7 七级

5.7.1 定级原则，器官大部缺损或畸形，有轻度功能障碍或并发症，存在一般医疗依赖，无生活自理障碍。

5.7.2 七级条款系列，凡符合 5.7.1 或下列条款之一者均为工伤七级。

54）尘肺壹期，肺功能正常；

附录 A（规范性附录）各门类工伤、职业病致残分级判定基准

A.5 职业病内科门

A.5.1 呼吸困难及呼吸功能损害

A.5.1.1 呼吸困难分级

Ⅰ级：与同龄健康者在平地一同步行无气短，但登山或上楼时呈现气短。

Ⅱ级：平路步行 1 000 m 无气短，但不能与同龄健康者保持同样速度，平路快步行走呈现气短，登山或上楼时气短明显。

Ⅲ级：平路步行 100 m 即有气短。

Ⅳ级：稍活动（如穿衣、谈话）即气短。

A.5.1.2 肺功能损伤分级，肺功能损伤分级见表 A.8。

表 A.8 肺功能损伤分级（%）

损伤级别	FVC	FEV1	MVV	FEV1/FVC	RV/TLC	DL_{CO}
正常	>80	>80	>80	>70	<35	>80
轻度损伤	60~79	60~79	60~79	55~69	35~45	60~79
中度损伤	40~59	40~59	40~59	35~54	45~55	45~59
重度损伤	<40	<40	<40	<35	>55	<45

注：FVC、FEV1、MVV、DL_{CO} 为占预计值百分数。

A. 5. 1. 3　低氧血症分级，低氧血症分级如下：

a）正常：PO_2 为 13. 3 kPa~10. 6 kPa（100 mmHg~80 mmHg）；

b）轻度：PO_2 为 10. 5 kPa~8. 0 kPa（79 mmHg~60 mmHg）；

c）中度：PO_2 为 7. 9 kPa~5. 3 kPa（59 mmHg~40 mmHg）；

d）重度：PO_2<5. 3 kPa（<40 mmHg）。

A. 5. 2　活动性肺结核病诊断

A. 5. 2. 1　诊断要点，尘肺合并活动性肺结核，应根据胸部 X 射线片、痰涂片、痰结核杆菌培养和相关临床表现做出判断。

A. 5. 2. 2　涂阳肺结核诊断，符合以下三项之一者：

a）直接痰涂片镜检抗酸杆菌阳性 2 次；

b）直接痰涂片镜检抗酸杆菌 1 次阳性，且胸片显示有活动性肺结核病变；

c）直接痰涂片镜检抗酸杆菌 1 次阳性加结核分枝杆菌培养阳性 1 次。

A. 5. 2. 3　涂阴肺结核的判定，直接痰涂片检查 3 次均阴性者，应从以下几方面进行分析和判断：

a）有典型肺结核临床症状和胸部 X 线表现；

b）支气管或肺部组织病理检查证实结核性改变。

此外，结核菌素（PPD5IU）皮肤试验反应≥15 mm 或有丘疹水疱；血清抗结核抗体阳性；痰结核分枝杆菌 PCR 加探针检测阳性以及肺外组织病理检查证实结核病变等可作为参考指标。

附录 B（资料性附录）正确使用本标准的说明

B. 5　职业病内科门

B. 5. 1　本标准适用于确诊患有国家卫生计生委四部委联合颁布的职业病分类和目录中的各种职业病所致肺脏、心脏、肝脏、血液或肾脏损害经治疗停工留薪期满时需评定致残程度者。

B. 5. 5　职业性肺部疾患主要包括尘肺（参见 GBZ70）、职业性哮喘（参见 GBZ57）、过敏性肺炎（参见 GBZ60）等，在评定残情分级时，除尘肺在分级表中明确注明外，其他肺部疾病可分别参照相应的国家诊断标准，以呼吸功能损害程度定级。

B. 5. 6　对职业病患者进行肺部损害鉴定的要求：

a）须持有职业病诊断证明书；

b）须有近期胸部 X 线平片；

c）须有肺功能测定结果及（或）血气测定结果。

B. 5. 7　肺功能测定时注意的事项：

a）肺功能仪应在校对后使用；

b）对测定对象，测定肺功能前应进行训练；

c）FVC、FEV1 至少测定两次，两次结果相差不得超过 5%；

d）肺功能的正常预计值公式宜采用各实验室的公式作为预计正常值。

B. 5. 8　鉴于职业性哮喘在发作或缓解期所测得的肺功能不能正确评价哮喘病人的致残程度，可以其发作频度和影响工作的程度进行评价。

B. 5. 9　在判定呼吸困难有困难时或呼吸困难分级与肺功能测定结果有矛盾时，应以肺功能测定结果作为致残分级标准的依据。

B. 5. 10　石棉肺是尘肺的一种，本标准未单独列出，在评定致残分级时，可根据石棉肺参见 GBZ70 的诊断，主要结合肺功能损伤情况进行评定。